clave

La obra de **Osho** invita a los lectores a examinar y liberarse de los condicionantes, los sistemas de creencias y los prejuicios que limitan su capacidad de experimentar la vida en toda su plenitud. Osho, uno de los místicos más conocidos y provocadores del siglo XX, ha sido definido por *The Sunday Times* de Londres como «uno de los hacedores del siglo XX». Es conocido por su revolucionaria contribución a la ciencia de la transformación interna, y la influencia de sus enseñanzas continúa creciendo y llega hasta gente con inquietudes de todas las edades en prácticamente todos los países del mundo.

Para más información, puedes consultar la página web del autor:
www.osho.com

OSHO

Felicidad

La única riqueza verdadera

Traducción de
Esperanza Moriones

DEBOLS!LLO

Papel certificado por el Forest Stewardship Council®

MIXTO
Papel | Apoyando la silvicultura responsable
FSC® C117695

Penguin Random House Grupo Editorial

Título original: *Happiness – The Only True Prosperity*

Primera edición en Debolsillo: septiembre de 2024
Primera reimpresión: noviembre de 2025

Diseño de la cubierta: Penguin Random House Grupo Editorial / David Ayuso
Imagen de la cubierta: Shutterstock

El material de este libro ha sido seleccionado de entre varias conferencias impartidas por Osho ante un auditorio. Todas las conferencias de Osho han sido publicadas de forma íntegra en diferentes libros, pero también están disponibles las grabaciones originales en formato sonoro. Las grabaciones sonoras y el archivo escrito completo pueden encontrarse de forma online en OSHO Library, en www.osho.com.

Printed in Spain – Impreso en España

ISBN: 978-84-663-7247-3
Depósito legal: B-11.275-2024

Compuesto en Pleca Digital, S. L. U.
Impreso en Liber Digital, S. L.
Casarrubuelos (Madrid)

P 3 7 2 4 7 3

Índice

Introducción

Me gustaría saber si te conformas con las cosas materiales o si desearías desarrollar la conciencia. Cuando alguien se conforma con el mundo exterior, siempre es infeliz. Es un tipo de vida que solo busca la comodidad. La comodidad simplemente es la ausencia de problemas, pero la verdadera satisfacción es alcanzar la felicidad.

¿Qué te dice tu corazón? ¿Qué es lo que más deseas en la vida? ¿Te has hecho alguna vez estas preguntas? Si no te las has hecho, déjame que te las haga yo ahora. Si me lo preguntaras a mí, yo te diría que me gustaría llegar a un estado en el que no tuviera que alcanzar nada más. ¿No es esta la respuesta que late también en tu interior? No es una pregunta que te haga solo a ti, se la he hecho a miles de personas.

He podido comprobar que todos los corazones humanos son iguales y que su máximo deseo también es el mismo. El alma busca la felicidad, la felicidad simple y pura, porque entonces desaparecen todos los deseos. Siempre que hay un deseo, hay sufrimiento, porque mientras haya deseos, no podrá haber paz.

La ausencia total de deseos nos lleva a la felicidad. También nos lleva a la libertad y a la liberación, porque, cuando no tenemos algo, tenemos límites y, a la vez, dependencia. La libertad absoluta solo es posible cuando no nos falta nada. La libertad nos conduce a la felicidad. Y la felicidad es la salvación.

El deseo de felicidad absoluta y de libertad absoluta está latente en todos nosotros. Lo tenemos en forma de semilla. Es como una semilla que contiene un árbol en su interior. Dentro de la propia naturaleza del ser humano está escondida la satisfacción del deseo supremo. El estado plenamente desarrollado de nuestra naturaleza es ser felices, ser libres. Nuestra auténtica naturaleza es lo único que es verdadero, y lo único que nos satisface plenamente es perfeccionarla.

Una persona que no busca satisfacer su propia naturaleza cree equivocadamente que la riqueza aliviará su tristeza. Pero la riqueza material nunca podrá satisfacer su vacío interno. De modo que aunque consiga todo lo que el mundo le pueda ofrecer, seguirá sintiendo que le falta algo. Su ser interno continuará estando vacío. Como dijo Buda en una ocasión: «El deseo es difícil de satisfacer».

Es curioso que una persona nunca esté satisfecha con lo que tiene, y que incluso después de haber alcanzado su meta, siga anhelando llegar más alto. Por eso la pobreza de un mendigo es la misma que la de un emperador. A este nivel, no hay ninguna diferencia.

Con independencia de lo que pueda haber ganado una persona en el mundo exterior, todo es inseguro. Puede desaparecer o ser destruido en cualquier momento, y al final la muerte se lo llevará todo. Por eso no debemos extrañarnos de que nuestro corazón interno no encuentre satisfacción en este tipo de cosas, cosas que pueden desaparecer tan fácilmente. Una persona nunca se va a sentir segura con este tipo de riqueza, aunque le haya costado mucho conseguirla. En realidad, ahora tendrá que vigilar todo lo que ha ganado.

Es importante entender que el poder y la riqueza externos no pueden acabar con nuestra necesidad de tener, con nuestra inseguridad, con nuestro miedo. Solo podemos encubrir estos sentimientos engañándonos. La riqueza es un estupefaciente que oculta la realidad de la vida, y este tipo de olvido es mucho peor que la pobreza misma, porque te impide hacer algo que te permita salir de la verdadera pobreza. La verdadera pobreza no se debe a la ausencia de objetos materiales, ni a la falta de poder o de riqueza, porque seguirá existiendo aunque tengas riqueza y poder. ¿Acaso no ves la pobreza de las personas que lo tienen todo? ¿Las posesiones materiales te han podido aliviar alguna vez de tus tormentos?

Amigos míos, hay una diferencia enorme entre la riqueza y la ilusión de riqueza. Toda la riqueza externa, el poder y la seguridad son solo un atisbo de la verdadera riqueza que hay en vuestro interior. El principal motivo de este sentimiento de pobreza no es no haber conseguido algo externo, sino que surge por haberos alejado de vuestro ser. De modo que este sentimiento no se puede erradicar con algo externo, solo se puede eliminar desde dentro.

La naturaleza del ser es la dicha. No es una característica del ser, es su esencia misma. La felicidad no es una relación con el ser, el ser en sí es dicha. Son dos palabras distintas que se refieren a una misma verdad. Lo que llamamos ser desde el punto de vista de la experiencia es la dicha, de modo que no debes confundir lo que crees que es la felicidad con la verdadera felicidad. La verdadera felicidad es el ser en sí. Cuando lo alcanzas, desaparece la búsqueda de todo lo demás. Alcanzar un tipo de felicidad falso solo intensifica nuestra búsqueda, y desaparece la paz mental por miedo a perder eso que llamamos felicidad. El agua que aumenta nuestra sed no es agua en absoluto. Jesús dijo: «Ven, deja que te conduzca al pozo cuya agua saciará tu sed para siempre».

Siempre confundimos el placer con la felicidad. El placer solo es un atisbo, un reflejo de la verdadera felicidad. La mayor parte de la gente, sin embargo, vive toda su vida creyendo que lo más importante es esa ilusión de felicidad. Y, como era de esperar, al final se decepcionan. Es como confundir el reflejo de la luna con la luna en sí, y querer atraparlo. Cuanto más te sumerjas en el lago buscando la luna, más te alejarás de la verdadera luna.

En su búsqueda del placer, la gente se aleja cada vez más de la felicidad. Es un camino que solo nos lleva al sufrimiento. ¿Entiendes la verdad de lo que estoy diciendo? Seguramente tu propia vida sea una demostración de este hecho, que la búsqueda del placer solo conduce a la infelicidad. Es natural que sea así. Aunque visto desde fuera el reflejo sea aparentemente lo mismo que el original, no es en absoluto lo verdadero.

Todos los placeres te prometen la felicidad y te aseguran que son la felicidad misma, pero el placer solo es un atisbo de la felicidad. Conformarte con el placer como si fuera la felicidad solo puede llevarte al fracaso y al arrepentimiento. ¿Cómo puedo alcanzarlo si lo que estoy intentando alcanzar es el reflejo? Y aunque consiguiese atrapar el reflejo, ¿qué es lo que tendría en mis manos?

Me gustaría recordarte que un reflejo siempre es lo contrario de lo que refleja. Si me pongo delante de un espejo, la imagen de mi reflejo, en realidad, es exactamente lo opuesto de como estoy colocado frente al espejo. Y lo mismo ocurre con el placer. Solo es un reflejo de la felicidad. La felicidad es una cualidad interna y el placer es una manifestación externa que solo existe en el mundo material.

Solo la felicidad te lleva a la dicha. Si sigues buscando el placer, acabarás descubriendo que lo que digo es verdad. El placer siempre te lleva al sufrimiento.

Al final una cosa se convierte en lo que era desde un principio. Tu visión no está lo suficientemente desarrollada y por eso no eres capaz de percibir desde el principio lo que es evidente al final. Es imposible que lo que se revela al final de un suceso no estuviera presente desde un principio. El final solo es un desarrollo del principio. Lo que estaba oculto al principio, se manifiesta al final.

El problema es que ves las cosas al revés, si es que realmente ves algo. Vas yendo, una vez tras otra, por caminos que te llevan al sufrimiento, al dolor y al arrepentimiento. ¿Por qué se empeña el ser humano en repetir las mismas cosas si sabe que acabará sufriendo? ¿Para qué? A lo mejor lo hace porque no ve otra salida. Por eso digo que tu vista está nublada y distorsionada, y me pregunto si realmente ves algo.

Hay muy pocas personas que realmente usen los ojos. Todo el mundo tiene dos ojos, sin embargo, a pesar de tenerlos, casi todos están ciegos. Si una persona no es capaz de ver en su interior, es porque todavía no ha usado sus ojos. El que ha podido ver su ser, puede decir que realmente ha usado sus ojos. Una persona que no puede ver su ser, ¿será capaz de ver algo?

Amigos míos, vuestra capacidad de ver solo empieza cuando veis el ser. Aquel que ha visto su ser empieza a ir por el camino de la felicidad, y deja de enfocarse en el placer. Y los demás perciben este cambio. El camino del placer va de nuestro ser hacia el mundo, y el camino de la felicidad va del mundo hacia nuestro ser.

OSHO

El olvidado lenguaje del éxtasis

El éxtasis es un lenguaje que el ser humano ha olvidado completamente. Le han obligado a olvidarlo, le han forzado a olvidarlo. La sociedad está en contra del éxtasis, la civilización está en contra del éxtasis. La sociedad tiene mucho interés en que siga habiendo sufrimiento porque su existencia depende de él, se alimenta del sufrimiento, sobrevive gracias al sufrimiento. La sociedad no está ahí para el ser humano. La sociedad utiliza al ser humano como un medio para alcanzar su fin. La sociedad se ha vuelto más importante que la humanidad. La cultura, la civilización, la Iglesia..., todos ellos son más importantes. Aunque fueron creados para el ser humano, en este momento ya no son para el ser humano. Realmente han conseguido invertir el proceso: ahora el ser humano existe para ellos.

Todos los niños están en éxtasis al nacer. El éxtasis es natural. No es algo que les suceda únicamente a los grandes sabios. Es algo que todo el mundo trae consigo al llegar al mundo. Todo el mundo lo tiene. Es el núcleo más profundo de la vida. Forma parte de estar vivos. La vida es éxtasis. Todos los niños lo traen al nacer, pero luego la sociedad se abalanza sobre el niño y empieza a destruir cualquier posibilidad de éxtasis, empieza a hacerlo sufrir, empieza a condicionarlo.

La sociedad tiene una neurosis, y es que no puede permitir que haya gente extática. Son un peligro para ella. Intenta entender este mecanismo y todo te resultará más fácil.

No puedes controlar a una persona extática, eso es imposible. Solo puedes controlar a una persona infeliz. Una persona extática es libre. El éxtasis es libertad. No puedes reducir a esa persona a la esclavitud. No puedes destruirla tan fácilmente, no puedes convencerla de que viva en una cárcel. Querrá bailar bajo las estrellas, caminar mecida por el viento, y hablar con el sol y la luna. Necesitará amplitud, el infinito, lo gigantesco, lo enorme. No puedes convencerla de que viva en una celda oscura. No puedes convertirla en un esclavo. Querrá vivir su propia vida y hacer lo que le plazca. Para la sociedad, esto se convierte en un problema. Si hay muchas personas extáticas, la sociedad se empezará a desmoronar, se caerá toda su estructura.

Esas personas extáticas son los rebeldes. No me gusta decir que una persona extática es «revolucionaria», prefiero decir que es «rebelde». Un revolucionario es alguien que pretende cambiar la sociedad, pero que quiere sustituirla por otra sociedad. Un rebelde es alguien que quiere vivir como un individuo y que le gustaría que no hubiera estructuras sociales rígidas en el mundo. Un rebelde es alguien que no pretende reemplazar esta sociedad por otra, porque se ha demostrado que todas las sociedades son lo mismo. Da igual que sea capitalista, comunista, fascista o socialista..., son primos hermanos, no hay mucha diferencia. Una sociedad es una sociedad. Y todas las Iglesias —la hindú, la cristiana y la musulmana— han demostrado ser lo mismo.

Cuando una estructura adquiere poder, no quiere que nadie esté extático porque el éxtasis no está a favor de la estructura. Presta atención y reflexiona sobre esto: el éxtasis no está a favor de la estructura. El éxtasis es rebelde, no es revolucionario.

Un revolucionario es una persona política, un rebelde es una persona religiosa. Un revolucionario quiere otra estructura acorde con su deseo, acorde con su propia utopía, pero sigue siendo una estructura. Quiere tener poder. Quiere convertirse en el opresor y no en el oprimido, quiere convertirse en el explotador y no en el explotado. Quiere gobernar y no ser gobernado. El rebelde es alguien que no quiere ser gobernado ni quiere gobernar. El rebelde es alguien que no quiere que haya normas en el mundo. El rebelde es un anarquista. El rebelde es alguien que confía en su naturaleza y no en las estructuras creadas por el hombre, confía en que todo irá bien dejando en paz a la naturaleza. ¡Y es así!

El universo es tan extenso, y, sin embargo, no necesita un gobierno. Los animales, los pájaros, los árboles, todo funciona sin necesidad de un gobierno. ¿Y por qué necesita un gobierno el ser humano? Algo debe de estar fallando. ¿Qué neurosis aqueja al ser humano para que no pueda vivir sin gobernantes?

Es un círculo vicioso. El ser humano puede vivir sin gobernantes pero nunca le han dado esa oportunidad, los gobernantes no quieren darte esa oportunidad. En cuanto te des cuenta de que puedes vivir sin gobernantes, ¿quién va a querer que sigan ahí? ¿Quién les va a apoyar? Ahora mismo estás apoyando a tus propios enemigos. Sigues votando a tus enemigos. Dos enemigos están compitiendo por la presidencia y tú eliges, pero, en realidad, los dos son lo mismo. Es como si fueras libre de elegir a qué cárcel quieres ir y votases alegremente…, quiero ir a la cárcel A o a la cárcel B, creo en la cárcel republicana o creo en la cárcel demócrata. Sin embargo, las dos son cárceles. Y una vez que apoyes a una cárcel, esta cárcel tendrá sus propios intereses. Ya no te dejará saborear la libertad.

De manera que a los niños no se les permite saborear la libertad desde su más tierna infancia, porque en cuanto un niño sepa lo que es la libertad, ya no querrá ceder, no querrá transigir, y no estará dispuesto a vivir en una oscura celda. Preferirá morir antes que dejar que alguien le convierta en un esclavo. Será firme en su decisión, y, por supuesto, no le interesará tener poder sobre los demás. El hecho de que te interese tener poder sobre los demás es una tendencia neurótica. Lo único que demuestra es que, en el fondo, no tienes poder y temes que los demás te aplasten si no eres poderoso.

Maquiavelo decía que la mejor defensa es un ataque. La mejor forma de protegerte es atacar tú primero. Los políticos de todo el mundo, tanto de Oriente como de Occidente, son personas que en el fondo están muy enfermas, tienen un complejo de inferioridad y temen que alguien les vaya a explotar si no logran tener poder político, por eso prefieren explotar a ser explotados. El explotado y el explotador están en el mismo barco y ambos ayudan al barco, protegen al barco.

Cuando un niño ha experimentado la libertad, nunca querrá volver a formar parte de una sociedad, una Iglesia, un club o un partido político. Será un individuo, permanecerá libre y desprenderá una sensación de libertad a su alrededor. Su propio ser se convertirá en una puerta hacia la libertad.

A los niños no les dejan ser libres. Si un niño le pregunta a su madre:

—Mamá, ¿puedo salir? Hace un día maravilloso, corre aire fresco y me gustaría ir a dar una vuelta a la manzana.

La madre le dirá inmediatamente, obsesivamente, compulsivamente:

—¡No!

El niño no ha pedido demasiado. Solo quería que le diera el sol, respirar un poco de aire puro, disfrutar de la luz y de la compañía de los árboles —¡no estaba pidiendo nada!—, pero la madre le dice que no compulsivamente, se trata de un impulso muy arraigado. Es difícil que una madre diga que sí, es difícil que un padre diga que sí. Y aunque digan que sí, lo harán a regañadientes. Aunque le digan que sí, le harán sentirse culpable, como si el niño les estuviera obligando a darle permiso, como si estuviera haciendo algo malo.

Siempre que el niño se divierte haciendo algo, aparece alguien para impedírselo: «¡No hagas eso!». Poco a poco, el niño llega a la conclusión de que todo lo que le hace sentir feliz está mal. Y, claro, tampoco es feliz haciendo lo que le digan los demás, porque es algo que no surge espontáneamente de él. Y así es como llega a la conclusión de que sufrir está bien y ser feliz está mal. Esta asociación de ideas va tomando fuerza en su interior.

Si quiere abrir el reloj para ver qué hay dentro, toda la familia le dice: «¡Para! Vas a estropear el reloj. Eso no está bien». Él solo quería saber lo que hay dentro, solo tenía curiosidad científica. Quería saber qué es lo que hace sonar al reloj. Eso está bien. Y el reloj no tiene demasiado valor, al menos no tanto como su curiosidad, como su mente indagadora. El reloj no vale nada —aunque se estropee, no se ha estropeado nada—, pero si destruyes la curiosidad de la mente estarás destruyendo algo muy importante, y el niño dejará de buscar la verdad.

A lo mejor hace una noche espectacular, el cielo está lleno de estrellas y el niño quiere salir, pero es hora de irse a dormir. Él no tiene nada de sueño, está completamente despierto, muy muy despierto. El niño no entiende nada. Por la mañana, cuando tiene sueño, todo el mundo le dice: «¡Levántate!». Él estaba disfrutando de estar en la cama y quería aprovechar para seguir durmiendo y soñar un poco más, pero no le dejan, y todos le dicen: «¡Despierta, es hora de levantarse!». Ahora, en cambio, está completamente despierto y quiere salir para ver las estrellas. Es un momento muy poético, muy romántico. Está entusiasmado. ¿Cómo se puede dormir con tanta excitación? Está animado, quiere ponerse a cantar y a bailar, pero ellos le obligan a dormir: «Son las nueve. Es hora de acostarse».

Él estaba tan contento despierto, pero le obligan a acostarse. Cuando está jugando, le obligan a sentarse a comer aunque no tenga hambre. Cuanto tiene hambre, su madre le dice: «Ahora no es hora de comer». Y así es como vamos destruyendo cualquier posibilidad de estar en éxtasis, cualquier posibilidad de ser feliz, de estar alegre y de disfrutar. El niño siente que todo lo que le hace sentirse naturalmente feliz, está mal, y todo lo que no le apetece, parece que está bien.

Cuando está en el colegio, de repente oye a un pájaro cantar en la calle y, naturalmente, su atención se dirige al pájaro y no al profesor de matemáticas que está de pie en la pizarra con su horrible tiza. Pero el profesor tiene más poder, más poder político que el pájaro. El pájaro, sin duda, no tiene poder pero tiene belleza. El pájaro atrae al niño sin necesidad de machacarle la cabeza diciendo: «¡Presta atención! ¡Atiende a lo que estoy diciendo!». No, la atención del niño se dirige de forma espontánea y natural hacia la ventana, hacia el pájaro. Su corazón está ahí, pero tiene que mirar a la pizarra. En la pizarra no hay nada que le interese, pero tiene que fingir.

La felicidad está mal. Cada vez que hay algo que le hace sentirse feliz, el niño empieza a pensar que está mal. Si el niño juega con su cuerpo, está mal. Si el niño juega con sus órganos genitales, está mal. Y ese es uno de los momentos más extáticos en la vida de un niño. Disfruta con su cuerpo, es emocionante. Pero hay que reprimir cualquier emoción, hay que destruir la alegría. Es una neurosis, la sociedad está neurótica.

Es lo mismo que les hicieron sus abuelos a sus padres, y ahora ellos hacen lo mismo con sus hijos. Y así va destruyendo una generación a la siguiente. Así vamos transmitiendo las neurosis de generación en generación. La Tierra se ha convertido en un manicomio. Nadie sabe lo que es el éxtasis. Se ha perdido. Se ha ido levantando una muralla tras otra.

Aquí puedo comprobar a diario que cada vez que alguien empieza a meditar y siente cómo aumenta su energía y empieza a ser feliz, inmediatamente viene y me dice: «Me está pasando algo muy raro. Me siento feliz y al mismo tiempo me siento culpable sin tener un motivo». ¿Culpable? Él también está sorprendido. ¿Por qué debería sentirse culpable? Sabe que no ha pasado nada, que no ha hecho nada malo. ¿De dónde surge ese sentimiento de culpabilidad? Surge del condicionamiento profundo de que la alegría está mal. Estar triste está bien, pero no tienes derecho a ser feliz.

Yo vivía en un pueblo. El comisario de policía era amigo mío, nos conocíamos porque habíamos estudiado juntos en la universidad. Él venía a verme y decía:

—Estoy sufriendo tanto... Por favor, ayúdame a salir de esta situación.

Yo le contestaba:

—Dices que quieres salir, pero yo no siento que quieras hacerlo. En primer lugar, ¿por qué has escogido trabajar en el departamento de policía? Sufres, pero también quieres que sufran los demás.

Un día les pedí a tres de mis discípulos que fueran al pueblo y se pusieran a bailar alegremente en diferentes partes.

—¿Para qué? —me preguntaron.

—Simplemente id y hacedlo —les contesté.

Como era de esperar, al cabo de una hora la policía los detuvo. Llamé al comisario y le pregunté:

—¿Por qué has detenido a mis discípulos?

—Porque parecían unos locos —me contestó.

—Pero ¿han hecho algo malo? —quise saber—. ¿Han agredido a alguien?

—No, la verdad es que no han hecho nada malo —dijo.

—Entonces ¿por qué los has detenido?

—¡Porque estaban bailando y riéndose en la calle! —contestó.

—Pero, si no le han hecho nada a nadie, ¿por qué has intervenido? ¿Ha sido por algún motivo? No han agredido a nadie ni han invadido ninguna propiedad. Solo bailaban. Son personas inocentes, simplemente lo pasaban bien.

—Tienes razón, pero eso es peligroso —dijo él.

—¿Por qué dices que es peligroso? ¿Es peligroso ser feliz? ¿Es peligroso estar en éxtasis?

Entonces lo entendió y los dejó en libertad inmediatamente. Volvió corriendo y me dijo:

—Creo que tienes razón. Lo que me pasa es que no me permito ser feliz, y por eso no puedo permitírselo a los demás.

Así son vuestros políticos, así son vuestros comisarios de policía, así son vuestros magistrados. Los jueces, los líderes, los que consideráis santos, los sacerdotes, los papas, todos son así. Todos tienen mucho interés en que sufráis. Dependen de vuestro sufrimiento. Si eres infeliz, ellos están contentos.

Solo una persona infeliz irá a un templo a rezar. ¿Crees que una persona feliz va a ir al templo? ¿Para qué? ¡Una persona feliz está tan contenta que siente a Dios en todas partes! En eso consiste la felicidad. Es estar tan extáticamente enamorado de la existencia que ves a Dios en todo lo que hay. Su templo está en todas partes. Y dondequiera que se arrodille, se encontrará, de repente, a los pies de Dios. Ni asombro ni su reverencia son tan limitados como para tener que ir a un templo hinduista o a una iglesia católica. Eso es una tontería, no tiene sentido. Solo las personas infelices que no ven a Dios, que no ven a Dios en una flor que se abre, que no ven a Dios en un pájaro que canta, que no ven a Dios en un arcoíris psicodélico, que no ven a Dios en las nubes que flotan, que no ven a Dios en los ríos y el océano, que no ven a Dios en la belleza de los ojos de un niño, solo esas personas van a la iglesia, a la mezquita, al templo, solo ellos van a un sacerdote y le preguntan: «¿Dónde está Dios? Por favor, muéstranoslo».

Solo las personas que sufren están en manos de las religiones. Sí, Bertrand Russell estaba casi en lo cierto cuando dijo que si el mundo alcanzase algún día la felicidad, la religión desaparecería. Digo «casi en lo cierto», solo en un noventa y nueve por ciento. No puedo decir que sea correcto al cien por cien porque yo sé que hay otro tipo de religión que Bertrand Russell no conocía. Estas religiones sí desaparecerán —tiene razón cuando habla del hinduismo, del cristianismo, del islamismo, del jainismo, del budismo: desaparecerán todas—, no hay duda de que desaparecerán. Si el mundo es feliz tendrán que desaparecer, porque ¿a quién le interesan? Pero es cierto en el noventa y nueve por ciento y está equivocado en el uno por ciento. Y ese uno por ciento es más importante que el noventa y nueve por ciento, porque hay otro tipo de religión, la religión VERDADERA —la religión extática, la religión que no tiene nombre, la religión que no tiene normas, ni Biblia, ni Corán, ni Vedas, la religión que no tiene escrituras ni adjetivos, simplemente la religión del baile, la religión del amor, la religión de la reverencia, la religión de la bendición, una religión *pura*— que surgirá en el mundo cuando la gente sea feliz.

En realidad, todas esas religiones que hay no son religiones, sino un sedante, un tranquilizante. Por supuesto, Marx también tenía razón —solo en un noventa y nueve por ciento— cuando decía que la religión es el opio del pueblo. Es verdad. Estas religiones te ayudan a sobrellevar tu sufrimiento. Te ayudan, te consuelan, te dan esperanzas: «Hoy sufres, pero mañana serás feliz». Ese día, sin embargo, nunca llega. Te dicen: «Sufrirás en esta vida, pero en la próxima... Sé bueno, sé moral, obedece las normas de la sociedad —sé un esclavo, sé obediente—, y en tu próxima vida serás feliz». Pero no sabemos nada de la próxima vida. Nadie ha vuelto para contarnos cómo es. O si se trata de una religión que no cree en la próxima vida, te dirá: «Cuando llegues a la otra orilla, al cielo, tendrás tu recompensa». Pero debes obedecer al sacerdote y al político.

El sacerdote y el político conspiran contra ti. Son las dos caras de la misma moneda. Se apoyan mutuamente. Y a los dos les interesa que tú sigas sufriendo —de esa manera el sacerdote puede tener feligreses y aprovecharse de ti, y el político te puede obligar a ir a la guerra en nombre de la nación, del Estado, o de cualquier otra cosa—, nada de eso es real, pero puede obligarte a ir a la guerra. Solo alguien que sufre es capaz de alistarse para ir a la guerra, solo una persona que sufre profundamente está dispuesta a luchar, a asesinar o a ser asesinado. Su sufrimiento es tan grande que incluso la muerte le parece mejor que la vida.

Adolf Hitler estaba conversando con un diplomático británico. Se encontraban en el decimotercer piso de un rascacielos y, para impresionarlo, Hitler ordenó a uno de sus soldados que se tirara al vacío. El soldado no dudó en obedecerle y, por supuesto, se mató. El diplomático británico no podía creerlo, era inaudito. Estaba impresionadísimo. ¿Desperdiciar así una vida? Sin venir a cuento... Para impresionarlo aún más, Hitler gritó a otro soldado:

—¡Salta!

Y el soldado saltó.

Y para seguir impresionándolo le dijo a un tercer soldado que saltara.

A esas alturas, el diplomático se había recobrado de la impresión y corrió para detener al soldado.

—¿Qué vas a hacer, vas a acabar con tu vida sin que haya un motivo?

—Señor, ¿a quién le interesa vivir en un país donde gobierna este loco? ¿Quién quiere vivir con Adolf Hitler? ¡Yo prefiero morir! Eso es la libertad —dijo el soldado.

Cuando la gente sufre, la muerte les parece una liberación. Y la gente que sufre siente tanta rabia y tanto enfado que necesitan matar arriesgándose incluso a morir asesinados. Los políticos existen porque tú sufres. Para que pueda seguir existiendo Vietnam, Bangladesh, o los países árabes. La guerra continúa. En un sitio y otro, siempre hay una guerra.

Hay que entender esta situación, el porqué de su existencia y cómo salir de ella. A no ser que te salgas del patrón y entiendas este mecanismo, este condicionamiento, tomes conciencia de la hipnosis a la que has sido sometido y te enfrentes a ella, la observes y la abandones, no podrás vivir en éxtasis ni cantar la canción que has venido a cantar. Y morirás sin haber cantado tu canción. Y morirás sin haber bailado tu baile. Y morirás sin haber vivido.

Tu vida es una esperanza, pero no es una realidad. Aun así, puedes convertirla en realidad.

EL VENENO DE LA AMBICIÓN

Esta neurosis que llamamos sociedad, civilización, cultura, educación, es una neurosis con una estructura bastante sutil. La estructura es esta: te ofrece conceptos simbólicos para que se vaya difuminando poco a poco la realidad y no seas capaz de verla, y, de ese modo, te empieces a aferrar a lo que es irreal. La sociedad, por ejemplo, te dice que seas ambicioso, fomenta la ambición. La ambición significa vivir de la esperanza, vivir en el mañana. La ambición significa que hay que sacrificar el hoy pensando en el mañana.

Lo único que existe es el hoy, el único tiempo en el que existes y el único tiempo en el que vas a existir nunca es ahora. Si quieres vivir, tendrá que ser ahora o nunca.

La sociedad te vuelve ambicioso. Desde tu más tierna edad en el colegio, te inculcan la ambición, te envenenan: sé rico, sé poderoso, sé alguien importante. Nadie te dice que ya tienes la capacidad de ser feliz. Sin embargo, todos te dicen que solo podrás ser feliz cuando cumplas ciertas condiciones: cuando tengas dinero suficiente, cuando tengas una gran casa, cuando tengas un gran coche o lo que sea..., entonces, podrás ser feliz.

La felicidad, en cambio, no tiene nada que ver con todo eso. La felicidad no es algo que debas alcanzar. Es tu propia naturaleza. Los animales son felices y no tienen dinero. No son Rockefellers. Y ningún Rockefeller es tan feliz como un ciervo o un perro. Los animales no tienen poder político —no son primeros ministros ni presidentes—, pero son felices. Los árboles son felices, si no fuera así habrían dejado de florecer. Siguen floreciendo, la primavera sigue llegando. Siguen bailando y cantando, y poniendo todo su ser a los pies de la divinidad. Su oración es constante, su alabanza no tiene fin. Y no van a ninguna iglesia ni lo necesitan. Es Dios quien va hacia ellos. Dios va hacia ellos a través del viento, de la lluvia y del sol.

Solo el ser humano no es feliz porque tiene ambiciones y no vive en la realidad. La ambición es un truco. Es un truco para distraer a tu mente. La vida simbólica ha sustituido a la verdadera vida.

Obsérvalo a tu alrededor. Una madre no ama a su hijo todo lo que a su hijo le gustaría que lo amase porque está atrapada en su mente. No ha tenido una vida plena. Su vida amorosa ha sido un desastre. Nunca ha podido florecer. Ha vivido llena de ambiciones. Quiere controlar a su hombre, quiere poseerlo. Tiene celos. No es una mujer cariñosa. Si no es cariñosa como mujer, ¿cómo va a ser cariñosa, de repente, con su hijo?

Estaba leyendo un libro de R. D. Laing. Hace dos o tres días me envió su nuevo libro: *Los hechos de la vida*. En él habla de un experimento donde un psicoanalista les pregunta a muchas mujeres: «Cuando tu hijo iba a nacer, ¿realmente te sentías en un estado de bienvenida, estabas preparada para recibir a tu hijo?». Él había preparado un cuestionario y la primera pregunta era: «¿Tu embarazo ha sido deseado o accidental?». El noventa y nueve por ciento de las mujeres contestaron: «Ha sido accidental, no lo deseaba». A continuación: «¿Tuviste dudas durante tu embarazo? ¿Deseabas tener al niño o querías abortar? ¿Lo tenías claro?». Muchas de ellas dijeron que habían estado dudando varios meses si tener al niño o abortar. Luego nació el niño y ya no pudieron hacer nada. También intervienen otros factores, como las cuestiones religiosas: abortar podía ser pecado, temían ir al infierno. A lo mejor eran católicas, hinduistas o jainistas, y la idea de la violencia y de que el aborto es un acto violento les impedía abortar. También pueden influir las cuestiones sociales o que el marido deseara tener al hijo. O quizá querían tener un hijo para darle continuidad a su ego. Pero no era un hijo deseado. Era muy raro que la mujer dijese: «Sí, ha sido un hijo deseado. Lo estaba esperando y estaba feliz». Incluso en estos casos, el psiquiatra decía: «No estamos seguros de que dijeran la verdad. Es posible que lo dijeran por decir».

Y así es como nace un niño que no ha sido deseado. La madre ha dudado desde el principio acerca de tenerlo o no. Esto tiene repercusiones. El niño siente todas esas tensiones. Cuando la madre ha pensado en abortar, el niño se debe de haber sentido herido. El niño forma parte del cuerpo materno y recibe todas esas vibraciones. Si la madre está indecisa y se siente insegura, y tiene dudas acerca de lo que debería hacer, el niño siente un temblor, una sacudida, porque se está columpiando entre la vida y la muerte. Entonces, finalmente nace el niño y la madre piensa que ha sido por accidente —porque usaron anticonceptivos y todo lo que encontraron, pero nada funcionó y aquí está el niño—, de modo que no le queda más remedio que asumirlo, pero asumirlo no es amar.

Al niño le falta amor desde el primer momento. Y la madre también se siente culpable por no darle todo el amor que tendría que haberle dado naturalmente. Entonces empieza a reemplazar ese amor obligándole a comer demasiado. Como no puede llenar su alma de amor, intenta llenarle el cuerpo de comida. Es un sustituto. Tú mismo lo puedes comprobar. Las madres son muy obsesivas. El niño dice: «No tengo hambre», pero la madre le obliga. Esto no tiene nada que ver con el niño, no le están haciendo caso. Intentan sustituirlo con algo, y como no pueden darle amor, le dan comida. Entonces el niño crece, y como no pueden darle amor, le dan dinero. El dinero se convierte en un sustituto del amor.

Y así es como el niño aprende que el dinero es más importante que el amor. No te preocupes si no tienes amor, lo importante es tener dinero. Se volverá codicioso. Irá detrás del dinero como un poseso. No le interesará el amor. Dirá: «Lo primero es lo primero. Primero debo tener mucho dinero ahorrado en el banco. Para poder amar necesito tener mucho dinero».

El amor, sin embargo, no necesita dinero, puedes querer tal como eres. Pero si crees que necesitas tener dinero para amar, te preocuparás de tenerlo, y quizá un día lo tengas, pero entonces estarás vacío porque habrás perdido todos esos años en ganar dinero. ¡Y no es solo que los hayas perdido! En todos esos años no has tenido amor ni has aprendido a amar. Ahora tienes dinero pero no sabes amar. Te has olvidado del lenguaje de los sentimientos, del lenguaje del amor, del lenguaje del éxtasis.

Puedes comprar a una mujer hermosa, pero eso no es amor. Puedes tener a la mujer más bella del mundo, pero eso no es amor. No está contigo porque te quiere, está contigo porque tienes dinero en la cuenta del banco.

El mulá Nasrudín se enamoró de una mujer. Era una mujer normal y corriente, pero tenía mucho dinero y era hija única, y su padre era anciano y estaba a punto de morir. El mulá estaba profundamente enamorado de ella y un día fue a verla muy emocionado porque el padre se estaba acercando a la hora de su muerte y le había dicho: «Me muero».

El mulá le dijo a la mujer:

—Me muero, no puedo vivir sin ti ni un solo instante.

—Qué bien —respondió ella—, pero tengo malas noticias. Mi padre ha hecho testamento y ha legado todo su dinero a una institución, a mí no me ha dejado nada. ¿Me seguirás queriendo, mulá?

El mulá contestó:

—Yo te amo y te amaré siempre aunque no te vuelva a ver. Pero ¡te amaré siempre y nunca me olvidaré de ti!

El amor desaparece. Es simbólico, y el dinero también es un símbolo. El poder, el poder político, es un símbolo. Ser una persona respetable es un símbolo. No son realidades, sino proyecciones del ser humano. No son cosas objetivas, no tienen objetividad. No existen. Solo son sueños que ha proyectado una mente infeliz. Para estar en éxtasis tendrás que olvidarte de todo lo que sea simbólico. Liberarte de lo simbólico es liberarte de la sociedad. Liberarte de lo simbólico es convertirte en un buscador de la verdad. Para liberarte de lo simbólico has tenido que armarte de valor y adentrarte en lo que es real. Y solo lo real es real. Lo simbólico no es real.

MÁS EN EL CORAZÓN Y MENOS EN LA CABEZA

¿Qué es el éxtasis? ¿Es algo que hay que alcanzar? No. ¿Es algo que te tienes que merecer? No. El éxtasis es ser, y convertirte en algo es sufrir. Si quieres convertirte en algo, sufrirás. Convertirte en algo es el origen mismo del sufrimiento. Si quieres estar en éxtasis, tendrá que ser ahora, aquí, en este mismo instante. Fíjate en mí. Puedes ser feliz en este mismo instante, nadie te está obstruyendo el camino. La felicidad es tan obvia y tan fácil... Es tu propia naturaleza. Ya la llevas dentro de ti. Solo tienes que permitir que florezca, que brote.

El éxtasis no pertenece a la cabeza, no lo olvides. El éxtasis pertenece al corazón. El éxtasis no pertenece al pensamiento, pertenece al sentimiento, pero te han privado del sentimiento, te han desconectado del sentimiento, no sabes lo que es el sentimiento. Cuando dices «Yo siento», en realidad, solo piensas que sientes. Cuando dices «Me siento feliz», si lo observas y lo analizas, te darás cuenta de que solo *piensas* que eres feliz. Incluso un sentimiento tiene que ir a través del pensamiento. Tiene que pasar la criba del pensamiento: solo se puede permitir si el pensamiento lo aprueba. Si el pensamiento no lo aprueba, se esconde en el inconsciente, en el sótano de tu ser, y se queda ahí olvidado.

Sé más del corazón y menos de la cabeza. La cabeza solo es una parte de tu ser, pero el corazón es todo tu ser. El corazón es tu totalidad. Cada vez que eres total en algo, estás actuando desde el sentimiento. Cada vez que eres parcial en algo, estás actuando desde la cabeza.

Observa a un pintor cuando está pintando y verás la diferencia que hay entre un verdadero artista y un técnico. Si el pintor solo es un técnico que ha aprendido la técnica de la pintura y sabe hacerlo, conoce los colores, los pinceles y el lienzo, ha recibido una formación, entonces trabajará con la cabeza. Será un técnico. Pintará, pero no estará completamente absorto en ello. Y luego observa a un artista que no sea un técnico. Verás que está absorto en lo que hace, embebido. No pinta solo con la mano y tampoco pinta solo con la cabeza. Pinta con todo su ser, involucrando a todos sus órganos, sus pies, su sangre, sus huesos, su médula. Todo él está implicado en este acto. Lo puedes percibir, puedes darte cuenta y sentir que todo su ser está implicado en ello, inmerso en ello. Para él no hay nada más. Está borracho. En ese momento deja de existir. Él no hace nada. Es un momento de absorción absoluta, él no hace nada, solo es un vehículo, es como si Dios pintase a través de él.

Cuando ves a una bailarina —a una bailarina de verdad, no a una intérprete—, te darás cuenta de que no está bailando. Hay algo del más allá que baila en su interior. Y está totalmente inmersa en ello.

Cuentan que el gran bailarín Nijinsky a veces daba saltos que físicamente no eran posibles porque la gravedad no te permite llegar a esa altura. Siempre le preguntaban:

—¿Cómo lo haces?

Y él contestaba:

—A mí me sorprende tanto como a ti. Yo mismo no *consigo* hacerlo, si lo intento, no lo consigo, no consigo llegar a esa altura, pero cuando estoy embebido en la danza y completamente ausente, ¡cuando no estoy!, entonces sucede, es como si la gravedad dejase de existir. Dejo de tener peso, no siento mi peso, y es como si algo empezase a tirar de mí hacia arriba, en lugar de hacia abajo.

Este tirar hacia arriba se denomina levitar en el yoga. Sí, también ocurre al meditar. Nijinsky, sin saberlo, entraba en meditación profunda. El baile era tan total que él se convertía en un meditador y ocurría la levitación.

Siempre que te involucras en algo totalmente, entras en éxtasis. Cuando lo haces a medias, sigues siendo infeliz, porque una parte de ti se mueve independientemente del resto. Hay una división, una separación, una tensión, una preocupación.

Si amas con la cabeza, tu amor no te provocará una experiencia extática. Si meditas con la cabeza...

Precisamente la otra noche una mujer occidental me contó que había venido hasta aquí después de comprobar cómo se había transformado la vida de mucha gente que había estado aquí, porque los veía muy felices. Ella venía por eso: para ser feliz. Ahora está meditando, pero no le ocurre nada. Hace todo lo posible, pero no le ocurre nada. Yo le he dicho:

—No te va a ocurrir nada porque partes del punto equivocado. Tu motivación es un obstáculo porque proviene de la cabeza. Toda esa gente de la que hablas no ha venido aquí por un motivo, no ha venido con codicia; tú, sin embargo, vienes por un motivo y vienes con codicia. Tu mente ya está contaminada porque has venido con un propósito y estás queriendo saber cuándo va a ocurrir. No va a ocurrir nunca porque no te vas a implicar totalmente en ello. Un observador siempre se queda al margen observando si ocurre algo o no.

Yo solía ir a bañarme al río, me encantaba. A la vuelta siempre me encontraba con uno de mis vecinos, y él se daba cuenta de que yo volvía extático. Un día me preguntó:

—¿Qué te ocurre? Siempre que vas al río, te veo pasar y luego veo que te quedas ahí nadando durante horas. Un día me gustaría ir contigo porque me pareces tan feliz cuando vuelves...

—No vengas, por favor —le dije—, porque a ti no te va a pasar lo mismo que a mí y el río se pondrá muy triste. Es mejor que no vengas porque tu motivación se convertirá en un obstáculo. Aunque te bañes, siempre estarás pendiente del momento en el que surja la felicidad, pero nunca te sentirás feliz porque eso solo ocurre cuando dejas de estar.

Nadar puede ser una meditación, correr puede ser una meditación —todo puede convertirse en una meditación—, siempre que tú no estés. El éxtasis ocurre en el corazón, ocurre en la totalidad.

LA SEPARACIÓN TE HACE SER INFELIZ

Fíjate en esto: el sufrimiento te separa, la separación te hace ser infeliz. Van de la mano, forman parte del mismo lote. Siempre que eres infeliz, de repente, te separas. Este es el motivo por el que el ego no consigue ser feliz, porque cuando eres feliz ya no estás separado, y el ego no podría existir. El egoísta no puede permitirse estar extático. ¿Cómo puede permitírselo si el ego deja de existir cuando está en éxtasis? No puede aceptarlo. Quiere seguir siendo infeliz y se inventará cualquier tipo de desgracia para que el ego siga existiendo.

¿Te has dado cuenta de esto? Cuando eres realmente feliz, tu ego desaparece. Cuando eres muy feliz, de repente, sientes una profunda unión con todo. Cuando eres infeliz, prefieres estar solo, pero cuando eres feliz, quieres compartir.

Cuando Buda era infeliz, se fue al bosque, huyó del mundo. ¿Qué le ocurrió al cabo de seis años? Cuando entró en éxtasis, regresó, volvió al mundo. Cuando Mahavira estaba triste e infeliz, huyó del mundo, renunció al mundo. Y cuando fue feliz regresó al mundo.

Los jainistas no hablan de cuando Mahavira volvió al mundo, solo hablan de su renuncia. Sus escrituras solo hablan de que renunció al mundo, pero eso solo es una parte de la historia, no es su culminación, es el principio de la historia. Sí, vivió doce años solo en el bosque sin pronunciar ni una sola palabra. Era tan infeliz, que se alejó de todo el mundo y se quedó en soledad. Luego, un día llegó la primavera, empezaron a abrirse las flores y él estaba colmado de éxtasis, y fue cuando volvió al mundo. Las escrituras jainistas no hablan de esto aunque es lo más importante de la historia. Lo más relevante es que vuelve al mundo, se mezcla con la gente y vuelve a hablar, vuelve a cantar, a transmitir, a compartir. Necesita compartir lo que ha descubierto.

Cuando eres infeliz, eres como una semilla. Cuando estás en éxtasis te conviertes en una flor y tienes que esparcir tu aroma en el aire.

Esto es algo que también puedes comprobar en tu propia vida, evidentemente, a otro nivel. Cuando eres infeliz, cierras la puerta y no quieres ver a tus amigos, no quieres ir a ningún sitio, ni quieres participar en nada. Dices: «Dejadme solo, por favor, dejadme solo». Cuando alguien se siente tremendamente infeliz, se suicida. ¿Qué significa esto? ¿Qué es el suicidio? El suicidio es un intento de alejarte del mundo hasta tal punto que no puedas volver. Es irte *absoluta* e irrevocablemente a la soledad, de manera que no puedas volver. Eso es el suicidio.

¿Alguna vez has oído que se haya suicidado alguien que era feliz, que estaba en éxtasis, que estaba bailando? No, cuando surge el baile, vuelves a aparecer, abres las puertas, llamas a tus amigos, llamas a tus vecinos, y les dices: «Venid, quiero dar una fiesta, vamos a bailar y a divertirnos. Tengo tanto para compartir que me gustaría dároslo». Saludas a todo aquel que pase por tu casa y le invitas a pasar. Cuando eres feliz todo el mundo es bienvenido. Cuando eres infeliz, ni siquiera te apetece ver a las personas con las que normalmente estás.

«Dios es el creador», todas las religiones del mundo hablan de esto, pero aparentemente ninguna ha entendido con exactitud lo que significa, lo que implica. Si es verdad que «Dios es el creador», la única forma de acercarte a él será a través de la creación. Si Dios es el creador, entonces tendrás que ser creativo y la creatividad será tu oración. Pinta, canta, baila, escribe poesía, esculpe una estatua, haz lo que quieras, pero sé creativo. Planta un jardín. Cualquier cosa sirve, ya sea grande o pequeña. No importa el tamaño, todo vale siempre que seas creativo.

Si estás preparando la comida en la cocina, hazlo con creatividad, hazlo cada vez con más arte. No lo hagas de una forma rutinaria. Conviértelo en tu poesía, en tu escultura, en tu canción. Hagas lo que hagas, sé creativo, aporta algo nuevo. Explora lo desconocido. Innova, inventa, descubre, crea algo..., porque si Dios es el creador, cada vez que seas creativo te estarás acercando a él. Cuando estás siendo creativo, el creador que hay dentro de ti es Dios.

Las religiones, por otro lado, hasta ahora siempre han vivido de una forma muy poco creativa, no saben crear. Solo saben apartarse del mundo. No escriben poemas, no pintan cuadros, no esculpen estatuas. Solo se apartan, dejan de ser creativas. Y dejar de ser creativo es ir en contra de Dios.

En la Segunda Guerra Mundial había un soldado que siempre dejaba caer su fusil en medio del campo de batalla y salía corriendo para recoger cualquier trozo de papel que viera, lo leía ávidamente y luego sacudía la cabeza tristemente mientras el papel caía de nuevo al suelo. Lo hospitalizaron y dejó de hablar, aunque seguía teniendo esa oscura e inexplicable manía. Iba vagando desamparado por el pabellón psiquiátrico recogiendo pedacitos de papel, siempre con una visible esperanza y el consiguiente abatimiento. Fue incapacitado para el servicio militar, y el día que llegó la notificación de su baja en el ejército, recuperó la voz y exclamó lleno de éxtasis: «¡Aquí está! ¡Aquí está!».

El éxtasis es la libertad suprema, y entonces gritas lleno de alegría: «¡Aquí está! ¡Aquí está! ¡Eureka! ¡Lo he encontrado!».

Lo sorprendente es que no necesitas irte a ninguna parte para encontrarlo. Ya está aquí. Está en el centro de tu ser, en el fondo de tu ser. Si te propones encontrarlo, puedes hacerlo en este mismo instante. No necesitas posponerlo ni un segundo. Un intenso deseo puede abrir esa puerta. Una gran necesidad puede hacer que seas libre ahora mismo.

El misterio más próximo es tu propio misterio

Una historia sufí:

Ante el tribunal comparecieron filósofos, expertos en dialéctica y doctores en jurisprudencia para interrogar al mulá Nasrudín. Era un caso muy grave porque había confesado ir de pueblo en pueblo diciendo: «Aquellos que consideráis sabios son unas personas ignorantes, indecisas y confusas». Le habían acusado de atentar contra la seguridad del Estado.

—Puedes declarar tú primero —le dijo el rey.

—Traigan papel y lápices —pidió el mulá.

Y trajeron papel y lápices.

—Repártanlos entre los siete primeros sabios.

Y los repartieron.

—Díganles a cada uno por separado que escriban la respuesta a esta pregunta: «¿Qué es el pan?».

Lo hicieron y le entregaron los papeles al rey, quien los leyó en voz alta.

El primero decía: «El pan es un alimento».

El segundo decía: «Es harina y agua».

El tercero decía: «Es un regalo de Dios».

El cuarto decía: «Es una masa horneada».

El quinto decía: «Varía, depende de lo que quieras decir cuando dices "pan"».

El sexto decía: «Una sustancia nutritiva».

El séptimo decía: «Nadie lo sabe exactamente».

—El día que decidan lo que es el pan —contestó Nasrudín—, podrán decidir otras cosas como, por ejemplo, si yo tengo razón o estoy equivocado. ¿Acaso podemos confiarles a estas personas las cuestiones de valoración y arbitrio? ¿No os parece extraño que no sean capaces de ponerse de acuerdo sobre algo que comen todos los días y, sin embargo, acuerden por unanimidad que yo soy un hereje?

Efectivamente, este es el caso de vuestros filósofos, teólogos y doctores en jurisprudencia..., todas esas personas cultas. Solo son loros. Todavía no se conocen a sí mismos. ¿Qué pretenden saber? Si no saben nada de sí mismos, ¿cómo pueden saber algo de los demás? Aún no han podido desentrañar el misterio de lo que ellos mismos son.

El misterio más próximo es tu propio misterio. Si ni siquiera sabes eso, ¿cómo pretendes conocer el misterio de los demás? Esos misterios están todavía más lejos de ti, están a mucha distancia. Lo más fácil de alcanzar, lo más accesible, es tu propio misterio. El viaje tiene que partir de ahí.

Las personas cultas —los sabios, los eruditos, los catedráticos— tienen más información, pero tener más información no significa ser más sabio, aunque te puede servir para parecer sabio, eso es verdad. Se convierte en un camuflaje, es una fachada y detrás de ella puedes ocultar tu ignorancia; sin embargo, no destruye tu ignorancia, al contrario, la protege.

Tus conocimientos se convierten en una defensa, te aseguran tu ignorancia, la nutren. De esta manera no te das cuenta de que eres un ignorante, y ese es el propósito de la supuesta sabiduría. Es muy peligroso. Si no eres consciente de que estás enfermo, no tendrás posibilidades de buscar ayuda para curarte. Si no te das cuenta de tu ignorancia básica, ¿cómo puedes iluminarte? Si te olvidas de que estás lleno de oscuridad en tu interior, no buscarás la luz, no harás nada para que haya luz. Si ya has aceptado que sabes, ¿qué sentido tiene embarcarse en la aventura de saber?

Y a esto mismo es a lo que se dedica eso que llamamos conocimiento. No transforma al ignorante en una persona que sepa, sino que crea una ilusión de conocimiento. Es un espejismo. Es un sueño donde te vuelves sabio, pero, en realidad, sigues igual.

La diferencia entre un ignorante y una persona supuestamente culta solo es de cantidad. Entre los dos no hay una diferencia cualitativa. El ignorante está menos informado, menos pulido, menos instruido. Una persona culta está más informada, más instruida, ha leído más, ha escuchado a más personas. Es una diferencia de lenguaje. La persona culta es más articulada, sabe muchas más palabras, pero simplemente son palabras, nada más. No tienen un significado ni pueden tenerlo porque las palabras adquieren el significado a través de la experiencia.

Puedes aprenderte todas las palabras importantes, están en los diccionarios. Y así es como usas las palabras. Cuando usas una palabra como «Dios», ¿sabes lo que estás diciendo? ¿Sabes lo que significa? ¿Qué quiere decir Dios? Para ti solo es una palabra y seguirá siéndolo, pero es peligroso porque puedes pensar que sabes algo simplemente porque conoces esa palabra.

Conocer la palabra «Dios» no es conocer a Dios. Conocer la

palabra «amor» no es conocer el amor. Conocer la palabra «fuego» no es conocer el fuego. Recuerda que las palabras solo son un símbolo y seguirán estando vacías mientras no adquieran un valor existencial. Las palabras en sí no tienen un significado, el significado se lo da el individuo y su experiencia.

Cuando Krishna usa la palabra «Dios», no es una mera palabra. Tiene un significado, tiene un sentido. Este sentido lo adquiere de la vida de Krishna, el sentido se lo proporciona la conciencia de Krishna. Cuando Jesús usa la palabra «Dios», tiene una importancia capital, está cargada de significado. Ese sentido se lo da Jesús, no está contenido en la palabra «Dios», porque la palabra «Dios» ha sido empleada por los rabinos desde hace siglos sin que tuviera ningún significado. Jesús la llenó de sentido. Transformó una palabra vacía en algo significativo, relevante, vivo, que empezó a latir. Cuando Buda tocaba una palabra, le insuflaba vida, le daba alas. Se producía una metamorfosis.

Una persona culta solo está llena de polvo, del polvo que ha ido acumulando a través de los libros y las escrituras. Ten cuidado con este tipo de conocimiento porque es más peligroso que la simple ignorancia. ¿Por qué es más peligroso que la ignorancia? Porque en la ignorancia hay pureza. Es inocente, tiene autenticidad. Es verdadera, y si partes de la verdad, tienes alguna posibilidad de avanzar. El conocimiento o lo que llamamos conocimiento es falso. No puedes embarcarte en el viaje de la verdad partiendo de algo que es falso.

Recuerda que realmente no hay ninguna diferencia entre una persona culta y una persona ignorante, excepto que la persona culta cree que sabe y la persona ignorante sabe que no sabe. En tal caso, la persona ignorante está en mejor posición.

Una americana que no hablaba francés llevó a su hija al zoo de París. Se detuvieron delante de la jaula de los puercoespines, donde había un cartel en el que ponía: PUERCOESPÍN AFRICANO, PUERCOESPÍN AUSTRALIANO.

Esto les extrañó, porque todos los puercoespines parecían iguales. De modo que la madre se dirigió al guarda que estaba ahí cerca, y le preguntó:

—Monsieur, ¿habla usted inglés?

El guarda la saludó llevándose la mano a la visera y le dijo:

—Madame, solo hablo un poco de inglés. ¿Qué desea saber, madame?

—Por favor, ¿podría decirnos qué diferencia hay entre el puercoespín australiano y el puercoespín africano?

—La diferencia, madame, es que el puercoespín africano tiene la polla más larga que el puercoespín australiano.

Horrorizada, la mujer salió corriendo con su hija hasta encontrar al encargado del zoo.

—Monsieur —le dijo—, ¿habla usted inglés?

—Madame —contestó el encargado—, hablo inglés desde hace muchos años. De hecho, he estudiado en Oxford y tengo el mismo nivel de inglés que usted. ¿En qué puedo ayudarla, madame?

Ella le contó con gran indignación que el guarda había dicho una grosería delante de la niña.

—No se lo tome a mal, madame —respondió el encargado—. Lo que ha querido decir el guarda es que el puercoespín africano tiene la púa más larga que el puercoespín australiano, pero la polla la tienen igual.

No hay tanta diferencia entre las personas que llamamos cultas y las incultas. Podríamos decir que se trata de una diferencia de términos, de lenguaje, pero no de cualidad. La cualidad interna sigue siendo la misma.

Esto es algo básico que tenemos que entender: si no nace de tu propia experiencia, el conocimiento no sirve para nada. Si no forma parte de tu propia vida, el conocimiento es una carga totalmente innecesaria. Si solo es algo que has obtenido del exterior, es mejor olvidarlo. No cargues innecesariamente con ello. Es inútil, es peligroso, es venenoso y además es una carga. No te dejará moverte deprisa y con agilidad. Y cuantos más conocimientos acumules, menos probabilidades tendrás de moverte.

Por eso, las personas cultas viven como si fuesen un charco estancado, han dejado de ser un río. Las personas cultas hablan acerca de las palabras más bellas, hilando y tejiendo grandes filosofías en torno a ellas. Si ahondas y profundizas en sus palabras, sin embargo, te darás cuenta de que están vacías.

Hay personas que escriben libros importantes sobre Dios sin tener la más remota idea. Escriben libros importantes sobre el cielo y el infierno, incluso llegan a dibujar mapas del cielo y del infierno sin tener noción alguna. No se han adentrado en el mundo de sus emociones y sentimientos, ni han tenido contacto con su propia conciencia interna y, aun así, hablan de cosas lejanas como el más allá y la vida después de la muerte. Son personas muy listas que saben hablar y argumentar, y demostrar lo que dicen. Y lo argumentan de tal manera que son capaces de engañar a cualquiera. Si analizas su argumento, verás que es muy válido, pero la validez de su argumento no tiene importancia. Lo que tiene importancia es si esa persona sabe o no sabe.

Algunas veces nos encontramos con personas que saben, aunque no sepan argumentarlo o lo hagan mal. Hay veces que una persona sabe, aunque no lo sepa expresar o emplee un lenguaje inadecuado y, aun así, lo que dice es verdad. Su argumento puede ser falso y su lenguaje inadecuado, pero lo que dice es verdad. Y en el otro extremo están las personas que usan el lenguaje sin tener ninguna falta, sus argumentos son perfectos y son expertos consumados de dialéctica. No se puede discutir con ellos porque te dejan inmediatamente sin argumentos, sin embargo, lo que están diciendo es una tontería absoluta y no tiene ningún sentido. Solo está en su mente, pero no llega a su corazón. ¡Ni a ellos les conmueve lo que dicen! Cuando hablan de Dios, no fluye nada por su ser. Cuando hablan del amor, no ves ningún indicio en sus ojos, cuando hablan de la poesía, no sientes la poesía en su presencia. Hablan de la gracia, pero no ves gracia en ninguna parte.

Son capaces de levantar un torbellino de palabras, una humareda de palabras. Y en el caso de que tú también vivas apegado a las palabras, es muy posible que te engañen. Así es como se pierden millones de personas, porque unos ciegos están guiando a otros ciegos. Los ciegos articulados guían a los ciegos que no son articulados, los ciegos informados guían a los ciegos que no están informados.

Por otra parte, siempre que nace alguien que tiene ojos para ver —como Jesús, Buda, Bahaudin, Hakim Sanai—, todos esos eruditos y personas cultas se ponen de acuerdo inmediatamente en algo: en decir que Jesús estaba equivocado. Es posible que no se pongan de acuerdo en lo que es el pan, es posible que no se pongan de acuerdo en nada más, pero inmediatamente están todos de acuerdo en algo, y es en decir que Jesús estaba equivocado. Puede que sean hinduistas, puede que sean musulmanes, puede que sean judíos o cualquier otra cosa, sin embargo, en cuanto llega alguien como Jesús, enseguida se ponen todos de acuerdo porque saben que corren peligro, ya que si Jesús está en lo cierto, eso significa que todos ellos están equivocados. Hay que demostrar que Jesús está equivocado. Si no consiguen demostrarlo —y no pueden hacerlo—, tendrán que destruir a Jesús. Si no pueden demostrar que está equivocado, entonces la única posibilidad es eliminar a Jesús de la vida de la gente.

Después de matar a Jesús, los mismos que lo mataron se convirtieron en sus seguidores..., papas, obispos y sacerdotes. Están ahí de nuevo para filosofar. Cuando Jesús estaba vivo era más complicado, pero ahora que solo están las palabras de Jesús no hay ningún problema. Pueden hilar y tejer en torno a cualquier palabra, da lo mismo que sea de Moisés o de Jesús, eso no les importa. Y ahora Jesús se convierte en el centro de sus especulaciones.

Buda fue el mayor generador de filósofos. Es un fenómeno bastante sorprendente, sobre todo porque Buda era contrario a cualquier filosofía. Durante toda su vida fue contrario a la filosofía. Nunca quiso hablar de ningún tema filosófico. Tenía los pies en la tierra, era un hombre pragmático y práctico. Si le hubieses preguntado acerca de Dios, de inmediato habría dejado de lado la pregunta y te habría dicho: «¿De qué manera te puede transformar? No tiene sentido hablar de Dios, no pierdas el tiempo. Piensa en la meditación, piensa en la compasión, piensa en las cosas que te pueden transformar. ¿Qué puede hacer Dios?».

Si le hubieses preguntado acerca del más allá, te habría interrumpido inmediatamente y te habría dicho: «No digas bobadas. ¿No sabes quién eres ahora mismo y estás preguntando quién serás después de morir? Eso es una tontería absoluta. En todo caso, profundiza en tu interior y descubre quién eres. Cuando sepas quién eres, no habrá ningún problema. Cuando te mueras sabrás si vas a sobrevivir o no. ¿Qué sentido tiene armar tanto revuelo ahora sobre temas filosóficos?».

¿Cómo puedes saberlo? No hay forma de saberlo. Aunque todo el mundo te diga que vas a sobrevivir a la muerte física, seguirás teniendo dudas. ¿Quién puede saberlo? Todo el mundo puede estar equivocado, porque todos creían antes que la Tierra era plana, y se equivocaron. Ahora sabemos que la Tierra no es plana. Durante muchos siglos se creía que el Sol giraba alrededor de la Tierra. Ahora sabemos que es la Tierra la que gira alrededor del Sol, y no viceversa.

De modo que la cuestión no es que haya muchas personas que crean en algo. La verdad no es algo que decida la mayoría, no es una cuestión de votos. Si una sola persona sabe la verdad, seguirá teniendo la razón a pesar de que todo el mundo esté en su contra, y el resto del mundo estará equivocado.

No te pueden convencer de que vayas a seguir existiendo después de la muerte, no hay manera de convencerte. Si *quieres* lo puedes creer, si quieres creer en algo eres libre de hacerlo, pero lo haces porque quieres, no porque te hayan convencido. Tienes miedo a la muerte, te gustaría seguir estando después de la muerte y quieres creer en eso, por eso lo haces. De todas formas, sabes que es una creencia y que quizá no sea así. En el fondo, la duda persiste.

Buda no habría respondido a las preguntas que consideras filosóficas. Él solía decir: «Aunque hablase del más allá, no lo entenderías. No tienes una experiencia del más allá, por eso no podemos comunicarnos». Y la comunicación es muy difícil. Yo digo una cosa y tú entiendes otra distinta. Cada uno entiende según su propio grado de entendimiento.

Una vez le preguntaron a un playboy en qué había despilfarrado toda su fortuna. Y él contestó:

—Una parte me la he gastado en alcohol y en coches deportivos, y otra gran parte, en mujeres. El resto me lo he gastado en tonterías.

Las palabras no significan lo mismo para todo el mundo. Depende de tu interpretación.

—¡Tu infidelidad constante me demuestra que no vales absolutamente nada! —gritó indignado un hombre a su mujer después de descubrirla por décima vez con otro hombre.

—Al contrario —respondió ella con frialdad—, solo demuestra que soy demasiado buena para ser verdad.

Todo depende de ti.

Un hombre estaba de viaje de negocios en el extranjero, y al final de su jornada laboral siempre se encontraba con el inconveniente del idioma para comunicarse con alguien. Por eso se puso muy contento cuando una bella mujer se sentó a su mesa en el restaurante.

—¿Hablas inglés? —preguntó él, lleno de esperanza.
—Un poquito —contestó ella con una sonrisa.
—¿Un poquito? ¿Y cuánto es eso? —repuso él.
—Veinticinco dólares —dijo ella sin vacilar.

La comunicación es uno de los mayores problemas que hay en el mundo. Cuando usas una palabra, para ti tiene un significado, pero cuando le llega a la otra persona, esa persona le atribuye otro. Y en el camino se pierde todo lo que estabas intentando transmitir. Por eso dijo Buda: «No voy a hablar del más allá. Y no me preguntes sobre el más allá. Tienes que ser más científico y más realista e investigar lo que existe. No hables de la "verdad". Investiga lo que existe, investiga lo que eres, porque esa es la forma de conocer la verdad».

Cuando murió Buda, sin embargo, surgieron importantes escuelas filosóficas. En la India nunca había ocurrido lo que sucedió después de Buda. Este hombre, que toda su vida había sido contrario a la filosofía y a filosofar, se convirtió en el origen del mayor movimiento filosófico que haya existido jamás. Cuando murió surgieron treinta y seis escuelas filosóficas, y todos los que siempre le habían criticado, se reunieron para filosofar sobre él. Fíjate qué curioso, qué paradójico: empezaron a filosofar sobre el motivo que había llevado a Buda a guardar silencio. ¿Por qué no había querido hablar sobre el más allá? ¡Y esto se convirtió en su filosofía! Empezaron a hablar de por qué había guardado silencio sobre el más allá. Y las respuestas eran infinitas.

Alguien dijo: «Porque el más allá no existe». Y así nació una filosofía.

Otro dijo: «El más allá existe, pero no se puede expresar. Por eso guardó silencio». Y surgió otra escuela, y así sucesivamente.

Incluso el silencio de Buda se había convertido en un problema, y empezaron a deliberar sobre su silencio. Pero nadie se quedó en silencio, todos se pusieron a hablar sobre el silencio.

Hay que tener cuidado con esta trampa, porque la mente es muy astuta. Si hablo de la meditación, lo hago para que puedas meditar, pero entonces te pondrás a especular sobre la meditación, sobre qué es la meditación. ¿Cuántos tipos de meditación existen? ¿En qué se diferencian? ¿Por qué son antagónicos? Y puedes seguir con esto hasta el infinito, pero no habrás meditado ni un solo instante. Cada vez estarás más confuso. Al final, la confusión será tan grande, porque hay tantas vías distintas, que no sabrás por dónde empezar a meditar. ¿Qué hacer? ¿Cuál elegir? Y te quedarás paralizado.

Eso es lo que suele hacer la mente. Y solo quien está muy alerta es capaz de no caer en estas trampas mentales. La mente es una gran filósofa. Pero la vida no es una filosofía, es una realidad. La filosofía es un escape de la realidad, filosofía significa pensar. La vida existe, no se trata de pensar. Simplemente tienes que dar un salto y vivirla.

Un viejo estanque
salta una rana
el sonido del agua…

Puedes saltar del mismo modo al viejo estanque de la vida. Solo puedes conocerlo saltando dentro. Es el único modo de conocer la vida. Pensar en ella es la forma más segura de perdértela.

Crees que conoces a la mujer que amas. Crees que conoces a tu marido. Crees que conoces a tu hijo. ¿Crees que lo conoces simplemente por el hecho de haberlo gestado en tu útero durante nueve meses? Aunque creas que lo conoces, el niño es un misterio y no sabes nada de él. El niño es tan misterioso como el resto de la existencia. No conoces a la mujer que amas. ¿Cómo puedes conocerla si ni siquiera te conoces a ti mismo? Aunque la mujer esté cerca de ti, nunca estará más cerca de ti que tú mismo.

Por eso digo que, si no te amas, no podrás amar a nadie en el mundo. Y si no te conoces, no podrás conocer a nadie en el mundo. Amar o conocer son dos cosas que empiezan en tu centro. La primera onda tiene que partir de ahí para luego irse extendiendo. Después se extenderá hasta los confines ilimitados de la existencia, pero tiene que comenzar en el centro de tu ser.

¿Cuál es el problema? ¿Por qué no te conoces? Debería ser lo más fácil del mundo, y, sin embargo, se ha vuelto dificilísimo. Se ha vuelto casi imposible conocerse a uno mismo. ¿Qué ha ocurrido? Tienes la capacidad de conocer. Tú estás ahí y tienes la capacidad de conocer, entonces ¿qué está ocurriendo? ¿Por qué no podemos revertir esa capacidad de conocer hacia nosotros mismos?

Solo hay una cosa que está mal, y no podrás saber quién eres a menos que la corrijas. Lo que ocurre es que en tu interior hay una división. Has perdido tu integridad. La sociedad te ha convertido en una casa dividida que está en tu contra. Es una táctica muy sencilla y cuando la entiendas, la podrás eliminar. La táctica consiste en que la sociedad te da unos ideales de lo que deberías ser y te inculca esos ideales profundamente, te inserta esos ideales hasta el extremo de que te olvidas de quién eres y solo te interesa el ideal «¿Cómo debería ser yo?».

Te obsesionas con ese ideal futuro, pero te olvidas de la realidad presente. Tus ojos se enfocan en un futuro distante, por eso no pueden mirar hacia dentro. Estás pensando constantemente qué hacer, cómo hacerlo, cómo llegar a ser eso. Tu lenguaje se ha convertido en un lenguaje de lo que *debería* o *tendría* que ser, mientras que la realidad solo consiste en *ser*. La realidad no sabe nada de lo que debería ni tendría que ser.

Una rosa es una rosa y no pretende ser algo distinto. Y un nenúfar es un nenúfar. Ni la rosa intenta convertirse en un nenúfar, ni el nenúfar intenta convertirse en una rosa, y por eso no están neuróticos. No tienen que ir al psiquiatra ni tienen que psicoanalizarse. La rosa está cuerda simplemente porque vive su realidad. Y lo mismo le pasa al resto de la existencia, excepto a los seres humanos. Los seres humanos son los únicos que tienen ideales y «deberías»: «Deberías ser esto o aquello». Así es como te divides frente a tu propio *es*. *Debería* y *es* son enemigos.

Y no puedes ser nada distinto de lo que ya eres. Esto debe calar en tu corazón: solo puedes ser lo que ya eres, nada más. Cuando aceptes esta verdad profundamente, «Yo solo puedo ser yo mismo», desaparecerán todos los ideales. Se descartarán automáticamente. Y cuando ya no tengas un ideal, te encontrarás con la realidad. Tus ojos estarán en el aquí y el ahora, entonces estarás presente en lo que eres. Desaparecerá la división, la separación. Te volverás uno.

Este es el principio de ser uno con la existencia. Primero deberás ser uno contigo mismo. Es el primer paso de la *unio mystica*: ser uno contigo mismo. Y el segundo y último paso es ser uno con la existencia. El segundo paso es más fácil. El primero se ha vuelto más difícil. Se ha vuelto difícil porque tenemos demasiados condicionamientos, demasiada educación, ha habido demasiado empeño en civilizarnos.

EL PRIMER PASO

Si has dado el primer paso, que es el paso de aceptarte y quererte tal como eres en cada momento…

Estás triste, por ejemplo. En este momento estás triste. Tus condicionamientos te dicen: «No deberías estar triste. Eso está mal. No deberías estar triste, deberías estar alegre».

Entonces, surge una división y surge el problema. Estás triste, esa es tu realidad en este momento. En cambio, tus condicionamientos y tu mente te dicen: «No deberías estar triste, deberías estar alegre. ¡Sonríe! ¿Qué van a pensar de ti?». Tu pareja se va a separar de ti porque eres una persona muy triste, tus amigos te van a abandonar porque eres muy triste, si sigues estando tan triste, esto va a repercutir en tu trabajo.

Tienes que reírte, tienes que sonreír o al menos fingir que estás alegre. Si eres un médico y tus pacientes te ven triste, eso no les hará sentirse bien. Quieren que su médico sea una persona alegre, feliz, ¿y tú, sin embargo, estás tan triste? ¡Sonríe! Aunque no sea una sonrisa abierta y sincera, pon una sonrisa falsa, pero ¡sonríe! Por lo menos, disimula, finge.

El problema es que tienes que empezar a disimular, a fingir.

Consigues poner una sonrisa, pero ahora estás dividido y eres dos personas. Has reprimido la verdad y te has vuelto falso.

La sociedad valora a los falsos. El falso se convierte en santo, el falso se convierte en un gran líder, el falso se convierte en un mahatma, y todo el mundo empieza a seguir a los falsos. Tu ideal es ser falso. Eso es precisamente lo que te impide conocerte a ti mismo. ¿Cómo puedes conocerte si no te aceptas? Siempre estás reprimiendo tu verdadero ser.

Entonces ¿qué puedes hacer? Cuando estés triste, acepta tu tristeza, eso eres tú. No digas: «Estoy triste». No digas que la tristeza es algo que está separado de ti. Simplemente di: «Soy la tristeza. En este momento, soy la tristeza». Y vive tu tristeza con autenticidad absoluta.

Te sorprenderá ver que dentro de tu ser se abre una puerta milagrosa. Si puedes vivir tu tristeza sin necesidad de proyectar una imagen de felicidad, inmediatamente estarás feliz porque ha desaparecido la división. Ha dejado de haber una división. «Soy la tristeza», y no tienes otro ideal en el que te quieras convertir. No tienes que hacer ningún esfuerzo, no hay conflicto. «Simplemente soy esto», y entonces te relajas. Y en esa relajación está la gracia, en esa relajación está la alegría.

El sufrimiento psicológico solo existe porque estás dividido. Sufrir quiere decir división, y dicha quiere decir que no hay división. Te puede parecer paradójico que puedas alcanzar la felicidad estando triste y aceptando tu tristeza, pero aunque te parezca paradójico, es así. Inténtalo.

No te estoy diciendo que intentes ser feliz. No te estoy diciendo: «Acepta tu tristeza para ser feliz». No es eso lo que estoy diciendo. Si lo haces con esa motivación, no va a funcionar porque vas a seguir luchando. Estarás mirando con el rabillo del ojo. «Ha pasado mucho tiempo, he aceptado incluso la tristeza, estoy diciendo "soy la tristeza", y, sin embargo, no llega la alegría». Y así no va a llegar.

La alegría no es un objetivo, es un derivado. Es la consecuencia natural de la unión y la unidad. Únete a la tristeza sin motivaciones, sin un propósito concreto. No se trata de tener un propósito. Esta es la forma de estar en el presente, esa es tu verdad en este momento. Y si en el momento siguiente estás enfadado, acéptalo también. Y si en el momento siguiente es otra cosa, acéptala también.

Vive momento a momento con una enorme aceptación, sin crear divisiones, y así te encaminarás hacia el autoconocimiento. El autoconocimiento no se trata de haber leído los Upanishads y de sentarte en silencio a recitar «Aham brahmasmi, soy Dios». Todos esos esfuerzos son ridículos. O sabes que eres divino, o no lo sabes. Puedes pasarte toda la vida repitiendo «Aham brahmasmi, soy Dios», pero aunque pierdas toda tu vida repitiéndolo, seguirás sin saberlo.

Cuando lo sabes, no tiene sentido repetirlo. ¿Para qué lo repites? Si lo sabes, lo sabes. Si no lo sabes, ¿cómo puedes saberlo por el hecho de repetirlo? Date cuenta de que eso es una estupidez. Y, sin embargo, eso es lo que se hace aquí, en este país, y en muchos otros países, monasterios y ashrams. ¿Qué hace la gente? Repetir como loros.

Mi enfoque es completamente distinto. No te vas a convertir en un sabio por repetir el Corán, la Biblia o los Vedas, en todo caso, te convertirás en un entendido. Entonces ¿qué puedes hacer para conocerte a ti mismo? Dejar a un lado la división. El único problema que hay es la división. Estás en contra de ti mismo.

Deja a un lado todos esos ideales que están creando un enfrentamiento dentro de ti. Eres como eres, acéptalo con alegría y agradecimiento. Y, de repente, sentirás que hay una armonía: tus dos seres, el ser ideal y el ser real, ya no estarán ahí para pelearse. Se fundirán y se convertirán en uno.

Lo que te hace sufrir, en realidad, no es la tristeza. Lo que te hace sufrir es pensar que la tristeza está *mal*, porque entonces se convierte en un problema psicológico. Lo que te hace sufrir no es la rabia, sino pensar que la rabia está *mal*, porque eso es lo que te provoca ansiedad. El problema no es el hecho en sí, sino tu interpretación. El hecho siempre es liberador.

SÉ LA VERDAD QUE ERES

Jesús dice: «La verdad libera». Esto es realmente importante, la verdad libera, es verdad, pero no «saber» la verdad. Lo que libera es *ser* la verdad; sé la verdad y habrá liberación. No hace falta atraerla ni hace falta esperarla, porque es algo que sucede instantáneamente.

¿Cómo puedes ser la verdad? Tú ya eres la verdad, pero tienes unos ideales falsos que son los que han creado este malentendido. Olvídate de todos esos ideales. Sé un ser natural durante unos días, como los árboles, los pájaros y el resto de los animales. Acéptate tal como eres y surgirá un profundo silencio. No podría ser de otra manera porque no estás interpretando nada. La tristeza también tiene su belleza y su profundidad. La rabia también es bella porque tiene vida, tiene energía. El sexo también es bello porque es creativo. Cuando no estás interpretando nada, todo es bello. Y cuando todo es bello, estás relajado. En ese estado de relajación caes en tu propia fuente, y eso es lo que te lleva al autoconocimiento.

Cuando dicen «Conócete a ti mismo», están hablando de caer en tu propia fuente. No es una cuestión de conocimientos, sino de transformación interna. ¿Y de qué transformación estoy hablando? No te estoy dando ningún ideal al que te tengas que parecer, no te estoy diciendo que tengas que convertirte en otra persona distinta a la que eres. Simplemente tienes que relajarte en lo que eres y observar.

¿Has entendido lo que digo? Entiéndelo, porque es liberador. Entonces, oirás una armonía, una gran música. Es la música del autoconocimiento. Y luego tu vida empezará a cambiar. Ahora tienes en tu poder la llave mágica que abre todas las puertas.

Si aceptas la tristeza, la tristeza desaparecerá. Si aceptas la tristeza, ¿cuánto tiempo puedes seguir estando triste? Si eres capaz de aceptar la tristeza, serás capaz de absorberla dentro de tu ser y esto será lo que te dé profundidad. ¿Cuánto tiempo puedes seguir estando enfadado si aceptas la rabia? La rabia se alimenta del rechazo. Si la aceptas, absorbes esa energía.

La rabia contiene muchísima energía y vitalidad, y cuando absorbes esa energía tienes más vitalidad. Entonces tu vida tiene más pasión, es una llama. No es una vida gris e insípida, hay inteligencia, pasión, agudeza. Y si aceptas el sexo, un día también desaparecerá el sexo. Y desprenderá en tu interior mucha energía, porque el sexo es el potencial de la creatividad. Entonces te convertirás en un creador. Podrás pintar grandes cuadros o escribir magníficos poemas. Podrán surgir canciones y música maravillosa. Todo eso es posible entonces porque formas parte de la existencia.

El sexo es la forma más baja de creatividad, es la semilla de la creatividad. Cuando la semilla se abre y se disuelve, cuando se absorbe, todo tu ser se vuelve creativo. Y ser creativo es estar dichoso, ser creativo es ser uno con Dios. Cuando te conviertes en un creador, formas parte de Dios.

No estoy diciendo que no seas un creador si no pintas o si no escribes poesía. Buda no pintaba ni escribía poesía, pero toda su vida fue creativa. Transformaba todo lo que tocaba. Los valientes que se atrevían a acercarse a él volvían a nacer. Él creaba un inmenso campo energético, un campo búdico, y todo el que entraba en ese campo ya no volvía a ser lo mismo. En eso consistía su creatividad.

Nunca escribió poesía en un papel, pero su manera de caminar era poesía, su manera de mirar a la gente era poesía. Nunca bailaba, pero cuando lo observas sentado en silencio debajo del árbol de Bodhi, podrás ver que hay una gran danza en su interior. No es una danza visible, es sutil; no es tosca. No es física, es espiritual. No está separado de la existencia. Está bailando dentro de los árboles que mece el viento, está bailando con las estrellas y está bailando con el todo. Ya no está separado.

¿Comprendes la diferencia que hay? Si renuncias al sexo, desaparece la creatividad de tu vida. Esto es lo que ha ocurrido en este desafortunado país que es la India. La gente ha querido renunciar al sexo, ha intentado imponerse el celibato a duras penas, pero han dejado de ser creativos, se han quedado mustios y se han embrutecido. Si te fijas en los mahatmas hindúes, te darás cuenta de que son las personas más aburridas y estúpidas que pueda haber en el mundo. Su vida consiste en vivir de una forma muy poco creativa.

Y los alaban por hacer cosas que no son en absoluto creativas. Alaban a alguien por ayunar y no por bailar. Alaban a alguien por tumbarse encima de una cama de clavos, sin embargo, en su vida no han hecho nada creativo. No le han aportado al mundo nada para mejorarlo. El mundo que nos dejan es tan horrible como el que había antes, o aún peor, pero los alaban por tumbarse encima de una cama de clavos. ¿Para qué sirve todo eso?

Cuando reprimes el sexo, desaparece la creatividad. Si aceptas el sexo, el sexo se transforma en creatividad. Si aceptas la rabia, esta liberará una gran cantidad de vitalidad y pasión en tu interior. Tu vida se llenará de pasión. Será una vida de implicación, de compromiso, de participación. No estarás ahí como un mero espectador. Estarás involucrado en el baile de la vida, formarás parte de él, estarás implicado en todo momento. No serás un escapista. Vivirás la vida con alegría y totalidad. Entonces podrás contribuir algo a la existencia, ya no serás inútil, ahora tendrás un sentido. Pero tienes que aceptar la rabia, y así podrás absorber su energía.

Siempre que rechazas algo, estás rechazando su energía. Estás diciendo: «No quiero absorber esa energía». Sin embargo, se trata de *tu* energía, y luego notarás la falta de esa energía que has rechazado. Si rechazas la rabia, estarás rechazando la posibilidad de tener vitalidad, te quedarás mustio. Si rechazas el sexo, habrás rechazado la posibilidad de ser creativo y no habrá poesía, ni música, ni baile en tu vida. Serás como un muerto viviente, tu vida será una pose, será estéril.

Si rechazas la tristeza, no tendrás profundidad, serás una persona superficial. Tu risa también será superficial porque no tendrá profundidad. Solo puedes liberarte de la tristeza aceptándola; tu risa solo estará en la superficie. A esto me refiero cuando digo que algunas personas son falsas. Una persona falsa es alguien que finge vivir, pero realmente no está viviendo, tiene miedo a la vida. Y esa falsedad surge por culpa del rechazo. Si sigues rechazándolo todo y en tu mente tienes el ideal de querer convertirte en Buda o en Jesucristo, nunca lo conseguirás. Al contrario, cualquier posibilidad de convertirte en algo se esfumará. Olvídate de todos los Budas, Krishnas y Cristos, no son ideales que haya que imitar. No tengas ideales, destrúyelos todos. La rebelión es esto y la religión también.

Cuando no tienes un ideal que te obsesione ni te torture, estás en armonía con tu propio ser. Cuando no rechazas nada, tienes todas las energías a tu disposición y te enriqueces. Entonces tienes muchísima energía. Y esa gran energía es alegría, esa energía es gozo. Cuando llegas a tu propia fuente te conviertes en un sabio.

Cuando te conoces a ti mismo, conoces todo lo demás, porque es lo mismo. Lo que hay dentro de mí es lo que hay dentro de todo el mundo. Solo cambian las formas, cambian las casas. La conciencia es la misma. Aquello que dice «Yo soy» dentro de mí, también dice «Yo soy» dentro de ti. Ese «Yo soy» es uno solo, es el mismo que está en los árboles pero no lo expresan con palabras, y es el mismo que está profundamente dormido en las piedras; siempre es el mismo «Yo soy». Y cuando lo sabes entiendes el significado de *Aham brahmasmi*: «Soy Dios».

Solo conoces tus manos y tus pies porque es tu hogar, es tu casa. Solo estás familiarizado con el templo, pero ¿cuándo vas a conocer a la deidad de ese templo? ¿Quién es el que vive en esta casa? ¿Quién es el que se ha encarnado en el cuerpo? ¿Qué es esta conciencia?

Cuando me escuchas, lo haces con los oídos, y cuando me ves, lo haces con los ojos, pero, evidentemente, tú no eres ni los oídos ni los ojos. Los ojos y los oídos son ventanas, pero tiene que haber alguien detrás, detrás de esas ventanas hay alguien.

Fíjate en tus ojos, son ventanas. Cuando me miras, lo haces con los ojos. Pero ¿quién eres? ¿Quién me está mirando? ¿Quién es el que está oyendo? ¿Qué es esta conciencia?

No rechaces nada, si no, nunca podrás saber qué es esta conciencia. Acepta todo lo que eres, porque cuando rechazas algo, te estás separando de tus propias energías y te estás fragmentando. No te alejes de tus energías. Cuando sientas rabia, acéptala. Cuando sientas tristeza, acéptala. Es tu energía, es un regalo de la existencia. Absórbela, digiérela. Eres tú.

Cuando no te alejas de nada, cuando no calificas las cosas como buenas ni malas, cuando no criticas nada, cuando dejas de juzgar, cuando dejas de ser un juez incansable, cuando dejas de calificar, criticar o evaluar, cuando todas estas cosas desaparecen y solo eres una gran aceptación de todo lo que ocurre, es cuando llega el conocimiento. Y cuando llega el conocimiento, conoces la divinidad.

Sé la verdad que eres y te liberarás, te liberarás de todas las ilusiones, de todos los espejismos. Sé tu verdad en cada momento, sé lo que eres. Este es el mensaje de todos los budas, sé la verdad en cada momento. No anheles ninguna otra cosa, no desees nada más. No intentes convertirte en nada, solo sé lo que eres en cada momento. Relajado, sereno, sintiéndote absolutamente en casa, en la casa que ha sido destinada para ti.

Esta es la casa que llevas buscando tantas vidas, pero estabas intentando buscarla de la forma equivocada. Lo convertiste en tu meta, sin embargo, no es una meta sino la fuente. Dios no es a donde vamos, sino de donde venimos. Dios no está ahí, está aquí. Dios no es después, es ahora.

Acéptate lleno de agradecimiento, eres lo que eres porque no puede ser de otra manera, así que no luches contra ello.

El sufrimiento psicológico nunca es generado por los hechos en sí. Lo que te hace sufrir es tu interpretación de los hechos. Tú creas el sufrimiento porque tu propia interpretación lo provoca. Si cambias de interpretación, ese mismo hecho será agradable. Si dejas de interpretar, el hecho solo será un hecho y no será ni doloroso ni placentero. No elijas, no tengas preferencias. Solo tienes que estar atento, aceptar y estar atento, y tendrás la llave secreta en tus manos.

El miedo a encontrarte

Un amigo me preguntó: «¿Por qué tengo miedo a aceptarme tal como soy?». Eso le ocurre a todo el mundo. A todo el mundo le da miedo aceptarse tal como es. Y la humanidad lleva siglos educando y condicionando así a sus hijos y a todos los seres humanos.

Es una táctica sencilla pero muy peligrosa. Esta táctica consiste en censurarte y en darte unos ideales de forma que siempre estés intentando ser otra persona. Los cristianos quieren convertirse en Jesucristo y los budistas quieren convertirse en Buda. Alejarte de ti mismo es una táctica muy astuta, y es muy probable que lo hagan sin darse cuenta de lo que están haciendo.

Las palabras de Jesucristo en la cruz —sus últimas palabras a los seres humanos— son enormemente significativas en muchos sentidos, y en especial dentro de este contexto. Le rezó a Dios diciendo: «Padre, perdónalos porque no saben lo que hacen».

Esto se puede aplicar a cualquier padre y a cualquier madre, a cualquier profesor, a todos los sacerdotes y moralistas, a todas las personas que gestionan la cultura, la sociedad y la civilización, y a todos los que intentan moldear a cada individuo de una determinada manera. Es probable que ellos tampoco sepan lo que hacen. A lo mejor creen que lo están haciendo por tu bien. Y yo no dudo de sus buenas intenciones, pero obviamente quiero que sepas que estamos hablando de seres ignorantes, inconscientes.

Un niño nace en el seno de una sociedad inconsciente. Y esta sociedad inconsciente empieza a moldearlo según unos ideales, olvidándose de lo único fundamental, que es que el niño tiene su propio potencial. Tiene que crecer, pero no para convertirse en un Jesús, un Krishna o un Buda, sino para ser él mismo.

Si el niño no se convierte en lo que es, será una persona absolutamente infeliz durante toda su vida. Su vida se volverá un infierno y una maldición, sin que él sepa lo que ha ocurrido. Lo han encaminado mal desde el primer momento, pero él piensa que esas personas, que le han encaminado mal, le quieren y son sus benefactores. En realidad, son sus peores enemigos. Los padres, los profesores, los sacerdotes y los líderes sociales son los peores enemigos de cualquier individuo que haya nacido hasta ahora sobre la Tierra. Te están alejando de ti sin que te des cuenta.

Para poder desviarte, antes te tienen que condicionar para que pienses que no eres digno, que no eres merecedor y que no sirves para nada tal como eres. No obstante, si sigues las normas y las leyes que te imponen ciertas personas, merecerás la dignidad y el respeto. Si logras ser un hipócrita, la sociedad te considerará un ciudadano de prestigio, pero si te empeñas en ser sincero, honesto, auténtico, o en ser tú mismo, serás criticado por todo el mundo.

Hay que ser muy valiente para aceptar la crítica de todo el mundo. Debes tener unos nervios de acero para valerte por ti mismo y declarar: «Voy a ser yo mismo y nadie más. Sea bueno o malo, aceptable o no, prestigioso o no, hay algo que está claro, y es que solo puedo ser yo mismo y no puedo ser nadie más». Para esto hay que tener un enfoque muy revolucionario de la vida. Esta es la rebelión básica que necesita todo individuo para salirse del círculo vicioso del sufrimiento.

Tú me preguntas: «¿Por qué me da miedo aceptarme como soy?». Porque nadie te ha aceptado tal como eres. Te han inculcado el temor y la preocupación de que si te aceptas, todo el mundo te rechazará.

Esta es la condición absoluta que te imponen todas las sociedades y culturas que ha habido hasta la fecha: si te aceptas, todo el mundo te rechazará, pero si te rechazas, tu sociedad y tu cultura te respetarán y te honrarán. Es una decisión muy difícil de tomar. Evidentemente, la mayor parte de la gente se inclina por el respeto. El respeto conlleva todo tipo de miedos y angustias: el sentimiento de no tener sentido, una vida desértica en la que no crece nada, no hay verdor, no hay flores, donde puedes caminar y caminar sin encontrarte jamás con un oasis.

Esto me recuerda a Lev Tolstói. Él solía soñar algo que los psicoanalistas de las diferentes escuelas han querido interpretar desde hace casi un siglo. Era un sueño muy raro, pero no para mí. Desde mi punto de vista, no hay que saber psicoanálisis para interpretarlo, solo hay que tener sentido común. Este sueño se repetía un día tras otro, año tras año. Se había convertido casi en una pesadilla, y todas las noches Tolstói se despertaba empapado en sudor aunque no le acechara ningún peligro en el sueño.

Si consigues entender el sinsentido de este sueño... Este es el problema que lo convirtió en una pesadilla. Este sueño representa la vida de casi todo el mundo. Las escuelas de psicoanálisis no han sabido interpretarlo, porque nunca han visto nada parecido, no tienen precedentes.

Este sueño se repetía todas las noches. Había un desierto inmenso, un desierto que se extendía más allá de lo que la vista podía abarcar, y dos botas —que Tolstói reconocía como suyas— que iban caminando. Pero él no estaba ahí, solo había un par de botas que hacían ruido al caminar por la arena. Y seguían caminando, porque el desierto es infinito, pero nunca llegaban a ninguna parte. A sus espaldas veía las huellas de las botas a lo largo de muchos kilómetros, y por delante veía las botas que seguían avanzando.

Esto normalmente no lo considerarías una pesadilla. Pero si lo analizas mejor, el hecho de soñar todas las noches lo mismo, un sueño de la futilidad que no nos lleva a ninguna parte... Al parecer, no hay ningún destino ni hay nadie dentro de las botas, están vacías.

Él se lo contó a todos los psicoanalistas famosos de la época en Rusia, pero ninguno de ellos supo entender el significado de ese sueño, porque en ningún libro se mencionaba un sueño parecido. Era un sueño singular. Para mí, sin embargo, no hay que hacer psicoanálisis para descifrarlo. Es un sueño sencillo que representa la vida de todos los seres humanos. Vas caminando por un desierto porque no estás yendo hacia una meta intrínseca a tu ser. Nunca llegarás a ninguna parte. Cuanto más camines, más te alejarás de ti mismo. Y cuanto más intentes encontrarle un sentido, más te encontrarás con un vacío absoluto y nada más. Este es el significado del sueño. No hay una persona, solo hay unas botas caminando.

No estás en lo que haces. No estás en lo que eres. No estás en lo que finges. Es un vacío absoluto, una hipocresía absoluta.

Por otro lado, es algo que han conseguido usando una táctica muy sencilla, que consiste en decirle a todo el mundo: «Tal como eres, no eres digno de nada, ni siquiera eres digno de existir. Tal como eres, eres horrible, eres un puro accidente. Deberías avergonzarte de ser como eres porque no hay nada en ti que haya que honrar o respetar». Naturalmente, todo el mundo empieza a hacer cosas supuestamente venerables desde niño. Cada día que pasa eres menos real, cada vez eres más falso, cada vez te alejas más de tu verdadera realidad, de tu ser, y así es como surge el miedo.

Cuando sientes un deseo de conocerte, inmediatamente surge un miedo profundo. Ese miedo se debe a que, si te encuentras, dejarás de tener respeto por ti mismo, incluso a tus propios ojos.

La sociedad es demasiado dura con cada individuo. Hace todo lo posible para condicionarte hasta tal punto que empiezas a creerte que realmente eres ese condicionamiento, y así te vuelves parte de la sociedad que está en contra de tu propio ser. Te vuelves cristiano, te vuelves hindú, te vuelves musulmán, olvidándote por completo de que solo has nacido como un ser humano, sin religión, ni política, ni nación, ni raza. Simplemente has nacido para tener la posibilidad de crecer.

En mi opinión, ser un buscador es volverte hacia ti mismo sin que te importen las consecuencias ni los riesgos. Tienes que volver a ti. Es posible que ahí no encuentres a Jesús, pero tampoco es necesario, tenemos bastante con un Jesús. Es posible que no encuentres al Buda Gautama. Eso está bien porque sería muy aburrido que hubiese muchos Budas Gautama. A la existencia no le gusta repetir a las personas. Es tan creativa que siempre aporta algo nuevo a cada individuo, un nuevo potencial, una nueva posibilidad, una nueva altura, una nueva dimensión, una nueva cumbre. Ser un buscador es una revuelta frente a todas las sociedades, culturas y civilizaciones, simplemente porque están en contra del individuo.

Yo estoy absolutamente a favor del individuo. Soy capaz de sacrificar cualquier sociedad, religión y civilización —toda la historia de la humanidad— por un solo individuo. Un individuo es un fenómeno muy valioso porque forma parte de la existencia.

Tienes que alejar ese miedo. Es algo que te han impuesto, no es natural. Observa a un niño: él sí se acepta sin problemas, no se descalifica ni desea ser otra persona. Pero todo el mundo se acaba olvidando de esto a medida que crece. Tienes que armarte de valor para volver a ti. Toda la sociedad te lo impide y te criticará. Pero es mucho mejor que todo el mundo te critique antes que ser infeliz y falso, y antes que ser un farsante y vivir la vida de alguien que no eres tú.

Tu vida puede ser dichosa pero no hay dos caminos, solo hay uno. Seas como seas, solo puedes ser tú mismo. Y a partir de ahí, partiendo de esa profunda aceptación y respeto por ti, empezarás a crecer. Y cosecharás tus propias flores, que no serán cristianas, ni budistas, ni hinduistas, sino absolutamente tuyas y constituyen tu aportación a la existencia.

Recorrer ese camino solo y dejar a la multitud en la autopista requiere, por otro lado, mucha valentía. Es agradable formar parte de la multitud, es reconfortante, y es natural que tengas miedo a ir solo. La mente no para de especular por dentro: «No es posible que toda la humanidad esté equivocada y yo esté yendo solo. Es mejor formar parte de la multitud porque, si algo va mal, no seré yo el responsable». Todo el mundo será responsable.

En el momento que te apartas de la multitud, asumes tu propia responsabilidad. Si te equivocas, el responsable eres tú.

Pero no te puedes olvidar de una cosa fundamental: una cara de la moneda es la responsabilidad, y la otra cara es la libertad. Puedes escoger entre tener las dos cosas o quedarte sin ellas. Si no quieres tener responsabilidades, no podrás tener libertad, y sin libertad no hay crecimiento.

De modo que tienes que aceptar tu propia responsabilidad, seas lo que seas, y vivir en libertad absoluta para poder crecer. Te puedes convertir en un rosal o en una simple caléndula, o puedes convertirte en una flor silvestre que no tiene nombre. Pero hay algo claro, y es que te conviertas en lo que te conviertas, serás inmensamente feliz, absolutamente dichoso.

ERES INCOMPARABLE

La gente siempre se está comparando con los demás. Y debido a estas comparaciones, unas veces están contentos y otras veces están tristes.

Tuve un encuentro con un santo hindú muy famoso. Él le estaba diciendo a un grupo de personas que habían venido a oírnos intercambiar ideas:

—El secreto de la felicidad siempre está en fijarse en los que son infelices. Si te fijas en los minusválidos, te alegrarás de no ser minusválido. Si te fijas en los ciegos, te alegrarás de no ser ciego. Si te fijas en los pobres, te alegrarás de no ser pobre.

¡Tuve que intervenir para que dejara de decir sandeces!

—Tú no has entendido cómo funciona esto —le dije—. Cuando una persona se empieza a comparar, no se limita a compararse con los menos afortunados, también se fijará en los que son más ricos que él, más atractivos que él, más fuertes que él, o más respetables que él. Entonces será infeliz. No les estás revelando el secreto de la felicidad, les estás revelando el secreto de la infelicidad absoluta.

Esto es lo que llevan enseñando desde hace siglos todas las escrituras religiosas, lo dicen con otras palabras, pero básicamente el secreto sigue siendo el mismo: alégrate porque hay personas más desgraciadas que tú. Da gracias a Dios porque tú no eres tan desgraciado. Pero esto no va nunca en un solo sentido. Cuando aprendes a compararte, no te limitas a hacerlo con los que son inferiores a ti. Inevitablemente tendrás que compararte con los que son superiores a ti, y entonces sufrirás.

En realidad, no deberías compararte. Tú eres tú, y no puedes compararte con nadie.

Eres incomparable y la otra persona también. No compares nunca.

La comparación es una de las causas que te mantienen atado a lo mundano, porque la comparación genera competencia, la comparación genera ambición. Nunca va sola, al contrario, llega con todos sus compañeros. Si te vuelves competitivo, esto no tendrá fin, es posible que te acabes tú antes. Si te vuelves ambicioso, estarás eligiendo el camino más estúpido para tu vida.

Una vez le preguntaron a Henry Ford... Él debió de ser uno de los hombres más sabios del siglo pasado, porque en sus breves declaraciones dice cosas muy coherentes. Fue el primero que dijo que «la historia es una patraña», lo cual es absolutamente cierto.

—¿Qué has aprendido a lo largo de tu exitosa vida? —le preguntaron.

Él fue una de las personas más triunfadoras que te puedas imaginar, porque salió de un entorno de pobreza para convertirse en el hombre más rico del mundo. No debemos olvidar su respuesta a esta pregunta.

—A lo largo de mi exitosa vida —dijo Henry Ford— solo he aprendido una cosa: a subir escalones, a subir peldaños. Y cuando llego al último peldaño de la escalera me siento muy estúpido y me avergüenzo de no poder seguir subiendo. Pero no puedo decírselo a los que vienen detrás de mí, que están luchando con todas sus fuerzas por llegar a ese peldaño donde yo me siento tan estúpido, y es algo por lo que yo mismo he luchado. No me creerían si les digo: «Quédate donde estés y no pierdas el tiempo intentando escalar posiciones porque aquí no hay nada. Cuando llegues al último peldaño te quedarás estancado y no podrás bajar, para que los demás no piensen que te estás rindiendo, y tampoco podrás avanzar porque a continuación no hay nada».

Todos los presidentes y los primeros ministros del mundo están estancados. Saben que ahora solo les puede ocurrir una cosa, y es la caída. No pueden seguir subiendo, no hay más sitios que alcanzar, excepto caer del sitio al que han llegado, por eso se aferran a sus puestos.

Pero la vida no es eso. Primero subir escalones y luchar con todo el mundo, y luego quedarte atascado y agarrarte al último escalón para que nadie te quite el sitio. ¿Estamos en un manicomio?

El ser humano ha convertido este planeta en un manicomio. Para estar sano, primero sé tú mismo sin sentirte culpable, sin censurarte. Acéptate con humildad y con sencillez.

Es un regalo que te hace la existencia. Siente agradecimiento y empieza a buscar lo que te permita crecer como tú eres y convertirte en tu ser original, en vez de intentar ser una fotocopia de otra persona.

TODA VERDAD ES INDIVIDUAL

Una historia de Chuang Tzu:

Sinfonía para un ave marina

No puedes meter un bulto grande en una bolsa pequeña, y tampoco puedes sacar agua de un pozo con una cuerda corta...

¿Has oído hablar del ave marina que fue impulsada hacia la costa por el viento, y acabó aterrizando a las afueras de la capital de Lu?

El príncipe ordenó una solemne recepción en honor al ave marina, le ofreció vino en el recinto sagrado, contrató a los músicos para que tocaran las composiciones de Shun y sacrificó reses para alimentarla.

Aturdida por las sinfonías, la desdichada ave murió de desesperación.

¿Cómo habría que tratar a un ave? ¿Cómo a ti mismo o como a un ave?

¿No debería un ave anidar en medio del bosque o sobrevolar praderas y marismas?

¿No debería nadar en un río o en un estanque, alimentarse de anguilas y peces, volar en formación con otras aves, y descansar en el cañaveral?

¡Como si para un ave no fuera suficiente con estar rodeada de hombres y asustarse con sus voces! Pero ¡no fue suficiente!

La mataron con la música.

El agua es para los peces, el aire es para los hombres.

La naturaleza de cada cosa es distinta, así como sus necesidades.

De ahí que los sabios de la antigüedad no establecieran la misma pauta para todas las cosas.

La naturaleza humana como tal, no existe, lo que hay son naturalezas humanas. Cada individuo es un universo en sí mismo y no puedes establecer unas reglas generales. Todas las reglas generales acaban siendo falsas. No puedes olvidarte de esto porque en el camino tienes muchas posibilidades de empezar a seguir reglas, y, si te sometes a las reglas, nunca llegarás a saber quién eres.

Solo puedes conocerte cuando eres totalmente libre, pero las reglas son cárceles. Son cárceles porque nadie puede crear unas reglas a tu medida. Aunque una persona haya descubierto la verdad con esas reglas, solo le sirven a esa persona. Cada naturaleza es distinta. A él le pueden haber servido, pero a ti no, al contrario, te impedirán avanzar.

De modo que la única regla que debería existir es el entendimiento. Aprende y desarrolla tu entendimiento, pero no sigas ninguna regla. Las reglas están muertas y el entendimiento está vivo. Las reglas te aprisionan y el entendimiento te ofrece el cielo infinito.

Ahora vamos a analizar la historia:

No puedes meter un bulto grande en una bolsa pequeña, y tampoco puedes sacar agua de un pozo con una cuerda corta...

Eso es lo que hace todo el mundo, intentar meter un bulto grande en una bolsa pequeña. Nunca te fijas en la bolsa, en la capacidad que tiene. Lo primero que deberías conocer son tus limitaciones, para poder pensar después en lo que quieres conseguir. ¿Cuál es tu capacidad? ¿De qué eres capaz? ¿Cuál es tu capacidad intrínseca? A nadie le preocupa eso. Si alguien se empeña en ser músico pero no tiene oído, estará desperdiciando su vida, porque para ser músico hay que nacer músico.

Una persona que no tiene sensibilidad se empeña en ser poeta o pintor. Si una persona que no ve se empeña en ser un pintor, será un fracaso, porque la vista de un pintor es diferente, es casi como si tuviese un tercer ojo. Cuando tú miras a los árboles, ves el color verde, pero cuando los mira un pintor ve miles de verdes, no solo uno. Cada árbol tiene un verdor específico. Un pintor siente el color, el color tiene una vibración para él, todo el mundo es color para él.

Los hinduistas dicen que todo el mundo es sonido. Lo que ocurre es que las pocas personas que escribieron los Upanishads eran poetas, músicos, y tenían oído para el sonido. Por eso todo el universo se convirtió en sonido: *omkar, anahata*. Si una persona a la que nunca le ha gustado la música se empeña en usar el mantra *aum*, no le ocurrirá nada. Lo puede repetir internamente, pero no le ocurrirá nada. Puede ir de maestro en maestro sin detenerse a pensar en sus capacidades.

Si tienes buen oído musical, si tu corazón entiende la música, y no solo la entiende, sino que la siente, los mantras serán adecuados para ti. El sonido interno y tú podéis ser uno, y ese sonido te ayudará a adentrarte en las capas más sutiles. Llegará un momento en el que el sonido se detenga y solo quede el sonido universal. Eso es el *aum*. De ahí que los hinduistas digan que todo el mundo está hecho de sonido. Pero no es verdad, no es una verdad absoluta, es la verdad del músico.

Recuerda que no hay verdades absolutas, las verdades siempre son individuales..., es tu verdad. No existe una verdad objetiva. Tu verdad puede no ser verdad para mí, y mi verdad puede no ser verdad para ti, porque la verdad no es objetiva. Yo estoy ahí, implicado en ella. Mi verdad quiere decir yo y tu verdad quiere decir tú.

Cuando Buda, Jesús o Chuang Tzu se realizaron, llegaron a la misma fuente universal, aunque su interpretación fuera distinta. Un buda no es un músico, por eso ahí no encuentra música. No es un pintor, por eso ahí no encuentra color. Es un hombre muy silencioso, su música es el silencio. Por eso, lo que encuentra es un vacío sin forma, *shunya*, todo está vacío. Esa es su verdad. La fuente a la que llegan es la misma. La fuente es una, pero las personas que llegan son distintas, miran, ven y sienten de diferentes maneras. Esto explica por qué hay tantas filosofías y religiones.

Cuando Meera llegó a esa misma fuente, se puso a bailar. ¡No te imaginarías a Buda bailando y tampoco te imaginarías a Jesús bailando! Meera se puso a bailar, se encontró con el amado. Es el corazón de una mujer, el corazón, el sentimiento de amor..., entonces la fuente se convierte en el amado. Ha llegado a su amado. Sigue siendo la misma fuente. En última instancia, la verdad siempre es la misma, pero cambia en el momento que alguien la expresa. Recuerda que la verdad de otra persona no puede ser la tuya, tú mismo tienes que levantar el velo de tu verdad.

Lo primero que debes tener en cuenta es tu propia capacidad. Solo puedes realizarte de una manera, y es a través de ti.

No puedes meter un bulto grande en una bolsa pequeña, y tampoco puedes sacar agua de un pozo con una cuerda corta... Primero debes saber qué capacidad tienes, eso es lo primero. Cuando conozcas tu capacidad, habrás dado el primer paso y el último no estará muy lejos. Si das mal el primer paso, no llegarás a ninguna parte por mucho que andes, aunque sigas andando durante muchas vidas.

¿Has oído hablar del ave marina que fue impulsada hacia la costa por el viento, y acabó aterrizando a las afueras de la capital de Lu?

Es una bella parábola: había un ave marina que se posó a las afueras de la capital de Lu, era un ave muy bella.

El príncipe ordenó una solemne recepción en honor al ave... Porque un príncipe es un príncipe y creía que el ave que había llegado era muy principesca. Era un ave tan bella que quiso recibirla como habría recibido a otro príncipe. ¿Cómo se recibe a un ave? El príncipe tenía sus propias ideas. Y así recibió al ave:

... ordenó una recepción solemne en honor al ave, le ofreció vino en el recinto sagrado, contrató a los músicos para que tocaran las composiciones de Shun y sacrificó reses para alimen-

tarla. Aturdida por las sinfonías, la desdichada ave murió de desesperación.

Todo había sido dispuesto para recibir al invitado, pero nadie se preocupó de saber quién era el invitado. El invitado fue recibido con arreglo al anfitrión, pero no con arreglo al pobre invitado..., y eso fue lo que acabó matando a la pobre ave. Tú, como muchos otros, estás muerto por culpa del anfitrión. Nadie se fija en ti. Cuando nace un niño, los padres empiezan a pensar en lo que será de mayor. Lo deciden incluso antes de que nazca.

Me había alojado en casa de un amigo. Él es profesor de universidad y su mujer también es profesora. Ambos son personas muy inteligentes, tienen medallas de oro, títulos y doctorados. Me fijé en que su hija (solo tienen una hija) estaba tocando el piano y llorando al mismo tiempo.

—¿Qué le pasa? —le pregunté a la madre.

—Yo siempre he querido ser música —dijo la madre—, pero mis padres no me dejaron. Esto no le ocurrirá a mi hija; ella va a ser música. Yo he sufrido muchísimo porque mis padres no me dejaron y me obligaron a ser profesora. Yo no voy a obligar a mi hija a ser profesora, será música.

Pero la hija estaba llorando y gimoteando.

Los demás te crean una gran confusión, tu madre quiere una cosa y tu padre quiere otra. Esto ocurre porque los padres nunca se ponen de acuerdo, nunca están de acuerdo.

El hijo del mulá Nasrudín me dijo:

—Quiero ser médico, pero mi madre quiere que sea ingeniero. ¿Qué puedo hacer?

—Haz una cosa —le dije—, difunde el rumor de que tu padre quiere que seas ingeniero.

¡Y ahora es médico!

Los padres siempre están enfrentados y su enfrentamiento se adueña de ti, se instaura en tu interior y se acaba convirtiendo en un conflicto interno. Es probable que tu padre y tu madre hayan muerto y ya no estén en este mundo, pero están dentro de tu inconsciente y ahí se siguen peleando. Nunca te van a dejar en paz. Sea lo que sea, tu padre te dirá que lo hagas, y tu madre te dirá que no lo hagas. Tu conflicto interno es el conflicto que hay entre tus padres. Después están los tíos, los hermanos y las hermanas, y el resto de los parientes, y tú estás solo rodeado de mucha gente con las mejores intenciones. Quieren que seas lo que ellos creen que está bien. Te destruyen. Tu vida se convierte en un caos porque no sabes lo que quieres ser, no sabes dónde quieres ir, ni sabes lo que estás haciendo ni por qué. Y sufres. Si no puedes convertirte en lo que es natural para ti, si no puedes desarrollarte, sufrirás.

Esto es lo que le pasó a esa ave marina, y es lo que les pasa a todas las aves marinas; tú eres un ave marina. Un día aterrizaste en un vientre en la capital de Lu y te recibieron con gran pompa y boato. Los astrólogos decidieron lo que había que hacer, los músicos te dieron la bienvenida con su música y los padres con su amor. Y todos juntos se encargaron de volverte loco.

Un hombre sabio no te recibe de acuerdo a sus reglas, sino de acuerdo a las tuyas. El ave marina fue asesinada por los músicos y sus bellas sinfonías, pero ¡el príncipe estaba haciendo lo correcto! Estaba recibiendo al huésped de la forma correcta.

¿Cómo deberías tratar a un ave? ¿Cómo a ti mismo o como a un ave?

Siempre debes ofrecerle al otro la posibilidad de ser él mismo, en esto consiste el entendimiento, en esto consiste el amor. No te impongas sobre los demás. Aunque tus intenciones sean buenas, el resultado será nefasto. La buena intención no es lo único que cuenta. Puede ser un peligro. La verdadera cuestión no son tus buenas intenciones, la verdadera cuestión es que el otro tenga libertad de ser él mismo o ella misma. Permítele a tu mujer que sea ella misma, permítele a tu marido que sea él mismo, permítele a tu hijo que sea él mismo..., pero no intentes imponerles nada.

Todos somos aves marinas, somos desconocidos el uno para el otro, somos extraños. Nadie sabe quién eres. A lo sumo, te podemos ayudar a ser lo que vayas a ser. El futuro es desconocido, no podemos moldearlo. No tenemos forma de saberlo. La astrología no te va a ayudar, todos esos métodos son una tontería. Existen porque hay personas estúpidas. Se siguen usando porque nos empeñamos en saber el futuro para hacer planes.

La vida no se puede planear, es una inundación no planeada. Y menos mal que no está planeada. Si estuviera planeada, todo estaría muerto y sería muy aburrido. Menos mal que nadie es capaz de predecir el futuro, menos mal que el futuro sigue siendo desconocido, impredecible, porque en eso consiste la libertad. Si el futuro se pudiese conocer, no tendríamos libertad. Te moverías como una máquina predecible. Sin embargo, eso es lo que queremos o al menos lo que intentamos hacer.

Si tienes un poco de entendimiento, les darás libertad a los que te rodean para que sean ellos mismos y no permitirás que nadie interfiera en tu libertad. No conviertas a nadie en esclavo tuyo y tampoco te conviertas en esclavo de nadie. En esto consiste el sannyas. Ese es mi significado de sannyas: alguien que ha decidido no esclavizar a nadie y no ser esclavizado por nadie; alguien que ha decidido seguir siendo auténticamente él mismo. Estar dispuesto a ir a donde le lleve la verdad.

Esto es ser valiente. Puede hacer que te sientas inseguro, pero si quieres estar más seguro hazle caso a los demás con sus buenas intenciones y te acabarán matando con sus sinfonías. Ya lo han hecho. ¿Por qué les haces caso a los demás? Porque crees que saben más que tú.

Oí a un niño pequeño que estaba hablando con su hermano mayor. El pequeño tenía cinco años y el mayor diez, y el pequeño le dijo al mayor:

—Pídele permiso a mamá para ir al cine.

—¿Por qué no se lo pides tú? —replicó el mayor—. ¡Díselo tú!

—Porque tú la conoces desde hace más tiempo —respondió el pequeño.

Ese es el problema: obedeces a tu madre porque está en el mundo antes que tú y tu padre también está antes que tú. ¿Acaso crees que alguien sabe más solo por llevar aquí más tiempo? ¿Crees que el tiempo te otorga más entendimiento? ¿Crees que ser mayor te hace ser más sabio? En ese caso, fíjate en las personas mayores que hay por ahí. La antigüedad puede ser un criterio para medir la sabiduría si trabajas en una oficina del Estado, pero no en la vida.

El paso del tiempo no te ayuda a entender la vida, lo que te ayuda a entender la vida es la meditación. Se trata de ir hacia dentro. El tiempo es un movimiento hacia fuera, el tiempo está en la periferia. Una persona puede vivir mil años y seguir siendo estúpida. En realidad, se volverá más estúpida a medida que crezca. Si llevas en tu interior la semilla de la estupidez, dentro de mil años te habrás convertido en un árbol tan grande que podrán descansar a tus pies millones de personas estúpidas. Todo lo que tienes aumenta, no hay nada que se quede estático, todo crece. De manera que una persona estúpida se volverá más estúpida y una persona sabia se volverá más sabia, pero el tiempo no tiene nada que ver con el entendimiento.

El entendimiento no es temporal, no significa que tengas más experiencia. Lo que te hace sabio no es la cantidad de experiencia que tengas, sino la calidad. Si le aportas conciencia a una experiencia, una sola experiencia te puede otorgar la sabiduría que no han podido darte muchas vidas. Un hombre puede haber hecho el amor con muchas mujeres, con miles de mujeres, miles de veces. ¿Crees que por eso sabe lo que es el amor? Una cosa es la cantidad..., se lo puedes preguntar a Byron o a cualquier donjuán, ¡una cosa es la cantidad! Todos los donjuanes llevan un registro, van contando las mujeres que han conquistado. Una cosa es la cantidad, pero ¿han conocido el amor?

Si le aportas calidad, un solo amor puede darte sabiduría. La calidad es algo que tienes que aportar tú. ¿Qué es la calidad? La calidad es la conciencia. Si haces el amor con una sola mujer una sola vez con todo tu ser, estando plenamente alerta, sabrás lo que es el amor. De lo contrario, aunque lo hagas muchas veces se convertirá simplemente en una repetición. Y no hará falta que hagas nada, la rueda girará sola, será automático.

La sabiduría es algo que ocurre cuando le aportas conciencia a una experiencia. La confluencia de la conciencia y la experiencia es sabiduría. Experiencia más conciencia es igual a sabiduría. Si sumas una experiencia, más una experiencia, más otra experiencia, tendrás más cantidad, pero no tendrás calidad, que es lo que te hace libre y conocedor.

Cuando nace un niño, si la madre realmente lo ama y el padre también, no le impondrán nada porque al menos tendrán algo claro: ¿por qué van a querer inculcarle a su hijo el mismo patrón si ellos han fracasado? ¿Por qué van a querer destrozar otra vida? Sin embargo, fíjate en la estupidez que nos rodea. Los padres quieren que sus hijos sigan sus pasos, aunque ellos no hayan triunfado y en el fondo sepan que están vacíos, huecos. Pero le obligan a repetir el mismo camino a su hijo para que llegue finalmente al mismo vacío. ¿Por qué? Porque el ego se queda satisfecho sabiendo que «mi hijo me obedece».

Tú no has logrado que se cumplan ninguno de tus deseos, pero te sientes bien sabiendo que tu hijo sigue tus pasos. Te hace sentir como si tú hubieras destacado en algo y por eso él sigue tus pasos. Si no tienes hijos que te sigan, entonces puedes buscar seguidores o discípulos. Hay mucha gente dispuesta a caer en la trampa del primero que vean, porque hay tanta insatisfacción que la gente está deseando seguir el consejo de cualquiera. El problema es que su insatisfacción es por haber seguido el consejo de los demás, y, aunque parezca mentira, siguen pidiendo consejo.

La mente es un círculo vicioso. Estás hueco y vacío por seguir el consejo de los demás, ¿y sigues buscando a los demás para que te aconsejen? ¿Cuándo te vas a dar cuenta de que si no logras nada es básicamente porque no sigues tu voz interna?

Un maestro no puede darte reglas. Si un maestro te da reglas, puedes estar seguro de que es un falso maestro. ¡Huye de él! Un maestro solo puede darte entendimiento, te enseñará a entenderte a ti mismo. Habrá reglas, pero surgirán de tu propio entendimiento.

¿Cómo deberías tratar a un ave?
¿Como a ti mismo o como a un ave?
¿No debería un ave anidar en medio del bosque
o sobrevolar praderas y marismas?
¿No debería nadar en el río y el estanque,
alimentándose de anguilas y peces,
volar en formación con otras aves
y descansar en el cañaveral?
¡Como si para un ave no fuera suficiente
con estar rodeada de hombres
y asustarse con sus voces! Pero ¡no fue suficiente!
La mataron con la música.

Todo el mundo está siendo asesinado por la música. Esa música surge de los bienintencionados, los benefactores, los bienhechores. Es todo tan demencial y tan absurdo... Si plantas mil árboles y solo florece uno, pero mueren novecientos noventa y nueve, ¿quién puede decir que seas un buen jardinero? ¿Quién puede confiar en ti si solo ha florecido un árbol? Lo que dirán es que ha florecido a pesar de ti, porque has matado a los otros novecientos noventa y nueve. No puedes adjudicarte ese árbol, de alguna forma, ese árbol ha conseguido librarse. Se ha librado de tu habilidad, de tu experiencia, de tu sabiduría.

Entre millones de personas, solo hay una que se convierte en un buda y florece. ¿Qué está ocurriendo? ¿Por qué hay miles de árboles que viven sin florecer? Fíjate qué triste se queda un árbol cuando no tiene flores y no florece nunca. No se puede reír, no puede cantar, no puede bailar. Para bailar necesita tener flores. ¿Cómo vas a bailar? Aunque yo te diga: «¡Baila!», ¿cómo vas a bailar? El baile surge de una alegría que te desborda, es una alegría tan desbordante que todas las células de tu cuerpo se ponen a bailar y te conviertes en un cosmos danzante. Pero ¿cómo puedes bailar si no fluye la energía, si no recibes energía? A duras penas consigues mantenerte en pie, vas arrastrándote. ¿Cómo vas a bailar? El árbol florece cuando está tan repleto que puede dar, y las flores son un regalo. Es un compartir, es decirle al universo: «Tengo más de lo que necesito». Es una canción. El árbol está diciendo: «Ahora estoy en el mundo del lujo, todas mis necesidades están cubiertas». El árbol tiene más de lo que necesita, por eso puede florecer.

Estás tan insatisfecho..., ni siquiera tienes lo necesario. ¿Cómo vas a bailar? ¿Cómo vas a cantar? ¿Cómo vas a meditar?

La meditación es el florecimiento absoluto, es el éxtasis que surge cuando te desbordas por la inundación, cuando tienes tanta energía que no consigues quedarte quieto y solo puedes bailar, cuando tienes tanta energía que lo único que puedes hacer es compartirla, invitar a la gente a compartir tu energía y tu gozo, tu canción y tu baile.

¿Qué le ha sucedido a la humanidad? ¿Qué le ha hecho un ser

humano al otro para que nadie florezca? Si Buda florece, ten en cuenta que no te lo debe a ti, sino que ha sido a tu pesar. A pesar de su padre y de su madre, a pesar de sus profesores.

En una ocasión, vino a verme uno de mis profesores de la universidad.

—Te acordarás de que fui profesor tuyo —me dijo.

—Sí, claro, me acuerdo —le contesté—. ¿Cómo no me voy a acordar? Soy lo que soy pese a ti. Lo intentaste, pero conmigo no lo conseguiste y siempre te estaré agradecido por eso. ¡Conmigo no tuviste éxito!

Realmente me quería y había intentado obligarme a ingresar en el mundo académico de todas las formas posibles. Me quería tanto y se preocupaba tanto por mí que, siempre que había un examen, venía a buscarme por la mañana a casa para llevarme en su coche al aula del examen, porque tenía miedo de que no fuera o de que me quedara meditando. Antes de cada examen venía a decirme: «Tienes que leer esto, esto y esto. Ahí encontrarás todo lo que va a salir en el examen. Yo soy el que prepara los exámenes». Y siempre me lo volvía a recordar: «¿Te has leído lo que te dije? Recuerda que yo preparo los exámenes y sé lo que va a salir». Tenía miedo de que no le hiciese caso.

Me quería. Tus padres también te quieren, y tus profesores también te quieren, pero son personas inconscientes, no saben lo que hacen. Aunque te quieran, hay algo que falla, y es que pretenden encauzarte hacia lo que ellos creen que está bien. Él quería que yo fuese un gran profesor universitario de alguna universidad importante, o catedrático, o decano, o rector.

Se hacía ilusiones, pero yo me burlaba y siempre le preguntaba:

—¿Para qué quiero todo eso? ¿Tú que has conseguido? Eres catedrático, decano y tienes muchos títulos, eres *doctor honoris causa* en Literatura y todo lo que quieras, pero ¿para qué te ha servido?

Él me sonreía con complicidad, y me decía:

—Ya verás, hazme caso.

Siempre que le preguntaba «¿Tú qué has conseguido?», se quedaba un poco perplejo y confundido, y no sabía qué contestarme.

No había conseguido nada, y sabía que ahora se iba acercando poco a poco a su muerte. Le habría gustado infundirme su ambición. Le habría gustado que yo heredase su ambición.

Un padre muere insatisfecho y espera que al menos su hijo consiga alcanzar la meta. Así es como va pasando de unos a otros sin que nadie lo consiga.

El amor no es suficiente. Tiene que haber conciencia. Si hay amor pero no hay conciencia, se convierte en una cárcel. Si hay amor y hay conciencia, se convierte en libertad. Te ayuda a ser tú mismo.

¡Como si para un ave no fuera suficiente estar rodeada de hombres y asustarse con sus voces!

Pero ¡no fue suficiente! La mataron con la música.

El agua es para los peces, el aire es para los hombres.

La naturaleza de cada cosa es distinta, así como sus necesidades.

De ahí que los sabios de la antigüedad no establecieran la misma pauta para todas las cosas.

No te pueden tratar como si fueras una cosa. Las cosas pueden ser parecidas, pero las almas no. Puede haber un millón de coches Ford y que sean todos iguales. Puedes sustituir un coche Ford por otro sin que pase nada, pero no puedes reemplazar a un ser humano. Cuando desaparece un ser humano, el sitio que ocupaba se quedará vacío para siempre y no volverá a ocuparlo nadie. Nadie puede hacerlo porque es imposible, puesto que no hay nadie que sea exactamente igual que esa persona. Cada persona es única, por eso no se pueden establecer reglas.

... los sabios de la antigüedad... Si te fijas en los sabios de hoy en día, en cambio, verás que hay muchas reglas y normas, y todo eso: hay un patrón. Te convertirán en un soldado, pero no en un buscador. Un soldado es un hombre muerto porque su función consiste en llevar la muerte al mundo. No le permiten estar muy vivo porque, si lo estuviera, ¿cómo podría llevar la muerte? La muerte solo puede llegar por medio de una persona que está muerta. Tiene que matar. Antes de que pueda matar a otros, tendrán que matarlo a él completamente por medio de las reglas. Su adiestramiento en el ejército consiste en matar toda la vitalidad que pueda tener, toda la conciencia que pueda tener, y convertirlo en un autómata. Le repiten constantemente: «Giro a la derecha, giro a la izquierda, giro a la derecha, giro a la izquierda», ¡así durante años y muchas horas al día! ¿Para qué sirve todo eso? ¿Por qué le dicen: «Giro a la derecha», «Giro a la izquierda»? La explicación es para convertirlo en un autómata. «Giro a la derecha», y así todos los días durante muchas horas. El cuerpo acaba integrando ese movimiento. Cada vez que te dicen: «¡Giro a la derecha!», ya no tienes que pensar, el cuerpo lo hace solo. Cuando te dicen: «¡Giro a la izquierda!», tu cuerpo se mueve. Te conviertes en una máquina. Y cuando dicen: «¡Dispara!», disparas. Tu cuerpo se mueve sin que interfiera la conciencia.

El entrenamiento de todos los ejércitos del mundo consiste en restarle conciencia a todas tus acciones para convertirlas en acciones automáticas. De ese modo serás más eficiente, más hábil, porque la conciencia siempre es un inconveniente. Si en el momento que vas a matar a alguien, te detienes a pensar, fallarás. Si te pones a pensar «¿Por qué voy a matar a esta persona? No me ha hecho nada. Ni siquiera le conozco, es un extraño para mí...». Si te paras a pensar, también tendrás sentirás que en tu casa te está esperando tu madre, tu mujer y tu hijo pequeño, y que a la otra persona le ocurre lo mismo. Su madre le estará esperando en algún lugar, su mujer estará rezando para que vuelva, y el niño estará esperando que su padre vuelva a casa. ¿Por qué quieres matar a ese hombre y matar las esperanzas del niño, de la mujer, de la madre, del padre, del hermano, o de los amigos? ¿Por qué vas a matar a este hombre? Él ni siquiera te ha hecho nada... Si es porque dos políticos se han vuelto locos, que sean ellos los que se pelean y aclaren la cuestión. ¿Por qué tienen que decidirlo a través de otras personas?

Si estás alerta y eres consciente, no serás capaz de disparar y matar. El entrenamiento del ejército consiste en aprender a separar la conciencia de la acción, realizando un corte y creando una brecha. De ese modo consiguen que la conciencia vaya por un lado y la acción por otro, y de ese modo van por caminos paralelos que nunca se cruzan.

El entrenamiento de un buscador de la verdad es justamente lo contrario: destruir la brecha que hay entre la conciencia y la acción, y aprender a unirlas. No debería haber dos líneas paralelas, sino solo una. Es aprender a ser consciente de cada uno de tus actos para no ser un autómata. Cuando desaparece tu automatismo, te iluminas, te conviertes en un buda.

Esto no es algo que puedas alcanzar obedeciendo unas reglas. Con las reglas te podrás convertir en un soldado, pero no en un buscador. Hay que dejar todas las reglas a un lado y llegar al entendimiento. De todas formas, ten presente que dejar las reglas a un lado no significa volverse antisocial. Significa que hay que obedecer ciertas reglas por el hecho de vivir en una sociedad, pero simplemente porque son las reglas del juego, nada más.

En los juegos de cartas hay ciertas reglas: una carta es el rey y otra carta es la reina. Tú sabes que esto es una tontería, y que una carta no es un rey ni una reina, pero si quieres jugar, tienes que aceptar las reglas. Son las reglas del juego, no es algo determinante.

Tienes que obedecer las normas de tráfico. No te olvides de que la moralidad en conjunto es como las normas de tráfico. Vives en una sociedad y no estás solo, hay muchas personas más. Tiene que haber unas reglas, pero estas reglas no son supremas ni tienen nada que ver con eso. Es como conducir por la izquierda. En Estados Unidos se conduce por la derecha y no pasa nada. Si acatas la regla de conducir por la derecha, está bien. Si acatas la regla de conducir por la izquierda, está bien. Cualquiera de las dos cosas vale, pero hay que seguir una regla. Si sigues al mismo tiempo dos reglas diferentes, habrá muchos atascos y problemas, y todo se complicará sin necesidad.

Cuando vives con más personas, tu vida tiene que ajustarse a unas ciertas reglas. No son reglas religiosas, ni morales, ni divinas, solo han sido creadas por el hombre. Hay que estar atentos para darnos cuenta de que son relativas, de que solo es un protocolo.

No hace falta romper todas las reglas, es mejor no hacerlo porque te crearía problemas innecesarios y te convertirías en un delincuente en vez de convertirte en un buscador. Recuérdalo. Un buscador no es un soldado, un buscador no es un delincuente, un buscador sabe que las reglas solo son un juego. No está en contra de ellas, sino por encima de ellas. Se mantiene libre. Lo hace por los demás, pero no se convierte en un autómata. Permanece consciente y plenamente alerta.

Nuestra meta es la conciencia. Por eso dice Chuang Tzu: «De ahí que los sabios de la antigüedad no establecieran la misma pauta para todas las cosas». En realidad, no han establecido ninguna pauta. Han decidido despertarte de cualquier forma posible. Estás tan dormido ¡que te oigo roncar! ¿Qué hay que hacer para despertarte? ¿Cómo hay que zarandearte para que estés consciente? Cuando estás despierto no necesitas ninguna norma. Y, aun así, obedeces ciertas normas aunque sepas que no es necesario. No te conviertes en un delincuente, sino que lo trasciendes y te conviertes en un buscador.

LIBÉRATE DE LA MULTITUD

Hay un cuento sufí en el que un joven buscador fue a ver a un gran maestro. Al entrar en la habitación, saludó al maestro con sumo respeto, y el maestro dijo:

—Muy bien. Eso está muy bien. ¿Qué quieres?

—Quiero la iniciación —respondió el joven.

—Yo te puedo iniciar —afirmó el maestro—, pero ¿qué hacemos con toda la multitud que te sigue?

El joven miró a sus espaldas y no vio a nadie.

—¿Qué multitud? —preguntó—. Estoy solo.

—No estás solo —dijo el maestro—. Cierra los ojos y verás a la multitud.

Cuando el joven cerró los ojos se quedó impresionado. Ahí estaba la multitud que había dejado atrás: su madre sollozando, su padre diciéndole que no se fuera, su mujer llorando, sus amigos intentando impedírselo…, ahí estaban todos, toda la multitud al completo. Entonces, el maestro le pidió:

—Ahora abre los ojos. ¿Puedes decir que no hay nadie siguiéndote?

—Lo siento —respondió el joven—. Tienes razón. Voy cargando con todos ellos en mi interior.

—Tu primer trabajo será liberarte de esa multitud —afirmó el maestro—. Ese es tu problema. Cuando te liberes de la multitud, todo será más fácil. El día que acabes con la multitud yo te iniciaré, porque solo puedo iniciarte a ti, no puedo iniciar a toda esa multitud.

Esta historia es relevante. En realidad, no estás solo ni siquiera cuando estás solo. Una persona meditadora está sola aunque esté rodeada de una multitud de miles de personas.

Cuando estás solo nadie ve a la multitud porque la llevas contigo en tu interior. Y cuando un meditador está en medio de una multitud pero solo, nadie se da cuenta de esto, porque también es algo que lleva en su interior.

Conocer tu soledad es estar familiarizado con la existencia, con la naturaleza, con tu realidad. Y te produce tanto gozo que no se puede comparar con la felicidad que hayas podido sentir en el pasado.

Mucha gente dice que solo se sienten plenamente felices estando con los demás. Eso no es felicidad, están alucinando que es felicidad porque su mente se sintoniza con los demás. Cuando están solos, los demás también tienen el mismo problema; por eso, estando juntos hay una cierta armonía mental y esa armonía te da una sensación de felicidad, pero es una sensación muy superficial que no tiene raíces.

Hasta que no seas dichoso en tu soledad más absoluta, todo aquello que piensas que es felicidad será simplemente un engaño. Cuando tienes esto claro, no es difícil conseguirlo. Solo tienes que buscar algunos minutos de vez en cuando para poder estar solo.

Al principio estarás triste porque no hay nadie que te diga lo maravilloso que eres. No hay nadie que te diga: «¡Eres un gran artista!». A tu alrededor no hay nadie, solo hay silencio. Pero con un poco de paciencia y estando atento para no identificarte con tu mente, se producirá una gran revolución.

La felicidad y las drogas

Uno de los seres humanos más inteligentes del siglo XX, Aldous Huxley, estaba muy impresionado con el descubrimiento del LSD, y fue el primero en promover su uso. Durante toda su vida creyó que el LSD podía provocar las mismas experiencias espirituales que habían tenido el Buda Gautama, Kabir o Nanak. Cuando escribió su libro *Cielo e infierno*, estaba pensando en el *soma** de los vedas, y afirmó que en el futuro la ciencia inventaría una forma sintética de la droga suprema. Recibiría el nombre de *soma* en honor a la primera droga que emplearon los hombres religiosos. Hoy, sin embargo, hay miles de personas, miles de hombres y mujeres sufriendo en las cárceles por consumir de drogas.

Yo creo que se trata del inicio de una búsqueda de algo que está por encima del mundo ordinario, aunque estén buscando de una forma equivocada. Las drogas no te conducen a la realidad, si bien pueden crear otra realidad, pero esta solo dura algunas horas y luego tienes que volver a consumir droga. Y cada vez tienes que consumir más cantidad porque te habitúas.

* Bebida sagrada alucinógena de los vedas. *(N. de la T.)*

El uso de drogas ha experimentado un gran auge como no se había visto anteriormente. La gente se arriesga a ir a la cárcel y al salir vuelven a consumir drogas. De hecho, los que tienen dinero consiguen que incluso los funcionarios o empleados de la cárcel les proporcionen las drogas. Solo hay que darles el dinero.

A mí, por otro lado, no me parece que las drogas sean un delito, simplemente creo que la generación joven está mal encauzada. La intención es buena, pero nadie les ha explicado que no van a poder satisfacer sus deseos y sus anhelos con las drogas. La satisfacción y la plenitud solo se pueden lograr a través de la meditación, a través del silencio, trascendiendo la mente. Aun así, no los puedes condenar ni castigar como se está haciendo ahora mismo. La generación anterior es la responsable por no haberles ofrecido una alternativa.

Yo propongo la única alternativa que hay, y es que a medida que seas más meditativo ya no necesitarás nada más. No necesitarás crear otra realidad, porque ahora empiezas a ver la realidad misma. Una realidad creada es falsa, es un sueño, aunque sea un sueño agradable, pero, a fin de cuentas, sigue siendo un sueño.

Su anhelo está bien. El problema es que están perdidos y sus líderes religiosos, sus líderes políticos, sus gobiernos y sus instituciones educativas, son incapaces de indicarles la dirección correcta. Yo creo que es un síntoma de una búsqueda profunda y debe ser bien recibido. Solo hay que indicarles la dirección correcta, pero es algo que las antiguas religiones no pueden hacer, y la vieja sociedad se siente incapaz. Necesitamos que nazca un nuevo ser humano cuanto antes, necesitamos que el rebelde transforme cuanto antes toda esta locura y este horror que está destruyendo a muchísimas personas en la Tierra.

Todo el mundo tiene que conocerse, todo el mundo tiene que conocer su propia realidad. Que haya surgido este deseo es una buena señal. Tarde o temprano podremos encaminar a la gente en la dirección correcta. Muchas personas que se han vuelto meditadoras han experimentado con todo tipo de drogas, y a medida que han empezado a meditar y se han vuelto más meditadoras, las drogas han ido desapareciendo paulatinamente. Ahora ya no las necesitan. No es necesario castigar ni encarcelar a nadie, solo hay que ir en la dirección correcta, porque la realidad produce tanta satisfacción y es una bendición tan grande que no puedes pedir más.

La existencia te ofrece —en abundancia— tanta riqueza del ser, amor, paz y verdad, que no podrías pedir más. Ni siquiera eres capaz de imaginarte más.

OLVIDARTE DE TI O RECORDAR LO QUE ERES

Estos son los dos caminos que existen: olvidarte de ti, que es el camino del mundo, o recordar lo que eres, que es el camino de la divinidad. Lo paradójico es que el que busca la felicidad nunca la encuentra, pero el que busca la verdad sin importarle la felicidad siempre la encuentra.

Cuando eres uno con la verdad, todo encaja, todo está en su sitio. Sientes un ritmo, y ese ritmo es la felicidad. No puedes buscar la felicidad directamente. Lo que tienes que hacer es buscar la verdad. Cuando encuentras la verdad, encuentras la felicidad, pero la meta no es la felicidad. Si buscas directamente la felicidad, cada día serás más infeliz. Tu felicidad será, a lo sumo, un estupefaciente que te ayude a olvidar tu infelicidad, pero es lo único que va a ocurrir. La felicidad es como una droga, es como el LSD, la marihuana o la mescalina.

¿Por qué hay tanta gente que ha empezado a consumir drogas en Occidente? Es un proceso muy lógico. La gente ha llegado a este punto porque, cuando buscas la felicidad, tarde o temprano tienes que encontrar el LSD. Es lo mismo que ocurrió en otra época en la India. En los Vedas descubrieron el *soma* porque estaban buscando la felicidad, realmente no eran buscadores de la verdad. Estaban buscando una satisfacción inmediata y así fue como encontraron el *soma*. El *soma* es la droga por excelencia. Siempre que una sociedad, un individuo o una civilización busquen la felicidad, en algún momento tendrán que llegar a las drogas, porque la felicidad, en última instancia, es la búsqueda de una droga. La búsqueda de la felicidad es querer olvidarse de uno mismo, y para eso sirven las drogas. Cuando te olvidas de ti, se acaba el sufrimiento. ¿Cómo puedes sufrir si no estás ahí? Estás profundamente dormido.

La búsqueda de la verdad es la dimensión opuesta, ya que no es buscar la satisfacción, el placer o la felicidad, sino preguntarnos: «¿Cuál es la naturaleza de la existencia? ¿Qué es verdad?». El que busca la felicidad nunca lo sabrá y, cuando menos, encontrará el olvido. El que busca la verdad lo descubrirá, porque para buscar la verdad tienes que ser sincero contigo mismo. Para encontrar la verdad de la existencia, primero tendrás que buscar la verdad de tu propio ser. Y cada vez recordarás más lo que eres.

LAS DROGAS SOLO PUEDEN AMPLIFICAR TU ESTADO DE ÁNIMO

Las drogas pueden hacer que te sientas feliz, pero también pueden hacer que te sientas infeliz, porque ninguna droga te garantiza la felicidad. Las drogas solo amplifican tu estado de ánimo. Si eres infeliz, con las drogas serás más infeliz, tendrás pesadillas. Si eres feliz, serás más feliz, estarás loco de alegría. Sin embargo, se puede saber perfectamente cuándo una persona está feliz bajo los efectos de alguna droga, porque es una felicidad tensa. Ha sido provocada por una sustancia química. Verás una sonrisa en su cara, pero es como si le estuviesen apuntando con una pistola en la espalda, diciéndole: «Sonríe o disparo».

Una sustancia química te puede hacer sonreír, pero es una sonrisa forzada, y esa felicidad forzada revela que hay tensión. Solo dura unas horas y luego vuelves a caer en el hoyo, que es más profundo que antes porque tu organismo se ha agotado de soportar tanta tensión. Esa felicidad que, en realidad, era falsa, forzada y química, se ha llevado la poca felicidad verdadera que tenías antes. Y cuando esa felicidad desaparezca del todo, caerás en una profunda oscuridad. Te vas habituando a las drogas y cada vez necesitas más cantidad, y más y más, hasta que llega un punto que…

EL «PROBLEMA DE LAS DROGAS»

El problema de las drogas no es nada nuevo, tiene tantos años como la humanidad. Nunca ha habido un tiempo en el que el ser humano no buscase vías de escape. En el libro más antiguo del mundo, el Rigveda, a menudo emplean una droga. Esta droga se llama *soma*. Desde la antigüedad, todas las religiones han intentado que la gente no consumiera drogas. Todos los gobiernos están en contra de las drogas. Las drogas, no obstante, han demostrado ser más fuertes que los gobiernos y las religiones, porque nadie se ha preocupado de estudiar la mentalidad de las personas que consumen drogas.

La gente no es feliz. Vive con preocupación, con angustia, con frustración. Parece que su única escapatoria fueran las drogas. La única forma de evitar el uso de drogas sería que la gente fuera feliz, alegre y dichosa.

Yo también estoy en contra de las drogas por el simple hecho de que te ayudan a olvidarte de tu sufrimiento durante un rato, pero no te ayudan a superar tu infelicidad ni tu sufrimiento, sino que te debilitan. Mis motivos para estar en contra de las drogas son completamente distintos a los de los gobiernos. Ellos quieren que la gente siga siendo infeliz y estando descontenta, porque una persona que sufre nunca será rebelde, su propio ser le tortura, se está derrumbando. No concibe una sociedad mejor, una cultura mejor ni un ser humano mejor. Se vuelve una presa fácil para los sacerdotes debido a su sufrimiento, porque ellos le consuelan diciendo: «Bienaventurados sean los pobres, bienaventurados sean los sumisos, bienaventurados sean los que sufren, porque de ellos será el reino de Dios».

La humanidad que sufre también está en manos de los políticos, porque las personas que están sufriendo necesitan que alguien les dé esperanzas: la esperanza de una sociedad sin clases en el futuro, la esperanza de una sociedad en la que no haya pobreza, ni hambre, ni sufrimiento. En pocas palabras, aceptan su sufrimiento con paciencia siempre que puedan contar con una utopía en algún horizonte cercano. Tienes que comprender el significado del término «utopía». ¡Es algo que nunca va a ocurrir! Es como el horizonte: lo ves tan cerca que piensas que si corres podrás llegar al sitio donde confluyen el cielo y la Tierra. Aunque te pases toda la vida corriendo, nunca llegarás a ese sitio porque no existe. Es una alucinación.

Los políticos siempre están prometiendo cosas, los sacerdotes siempre están prometiendo cosas. En los últimos diez mil años no se ha cumplido ninguna de esas promesas. El motivo que tienen para estar en contra de las drogas es que las drogas pueden acabar con su negocio. Si la gente empieza a consumir opio, hachís o LSD, ya no les importará el comunismo ni lo que ocurra mañana, no les importará la vida después de la muerte, no les importará Dios ni les importará el paraíso. En este momento se sienten plenos.

Mis motivos, en cambio, son diferentes. Yo también estoy en contra de las drogas, pero no porque les corten las raíces a las religiones o a los políticos, sino porque destruyen tu evolución interna hacia la espiritualidad. Te impiden alcanzar la tierra prometida. Te quedas enganchado a las alucinaciones, cuando podrías llegar a la verdad. Las drogas son como un juguete.

Puesto que las drogas no van a desaparecer, me gustaría que los gobiernos y los laboratorios científicos las purificasen para que fueran más sanas y no tuvieran efectos secundarios. Y esto es posible, si quisieran lo podrían hacer. Podríamos fabricar una droga como la que Aldous Huxley denominó *soma*, en honor al Rigveda, que no tenga efectos secundarios ni sea adictiva, que provoque alegría, felicidad, y ganas de bailar y cantar.

Aunque no todo el mundo se pueda convertir en un Buda Gautama, no podemos impedirles que por lo menos tengan un atisbo del estado ascético que conoció el Buda Gautama. Es posible que estas pequeñas experiencias lleven a esa persona a seguir investigando. Un día u otro se cansará de las drogas porque siempre es la misma escena y, por muy bonita que sea, la repetición aburre.

De modo que lo primero que hay que hacer es purificar la droga para eliminar todos sus efectos secundarios, y luego permitir que las personas que se quieran divertir lo hagan. Ellos mismos se cansarán. Y entonces el único camino que les quedará para encontrar la dicha suprema será buscar un método de meditación.

Es una cuestión que afecta principalmente a la generación más joven. El salto generacional es un fenómeno mundial muy reciente que antes no existía. En el pasado, los niños de seis o siete años empezaban a usar sus manos y su mente en las profesiones tradicionales de la familia. Al llegar a los catorce años ya eran artesanos, trabajadores, se habían casado y tenían responsabilidades. A los veinte o veinticuatro años ya tenían hijos, por eso no había un salto generacional. Cada generación se solapaba con la anterior. Ahora, por primera vez en la historia de la humanidad, ha habido un salto generacional. Esto tiene muchas implicaciones. Hoy, por primera vez, después de terminar de estudiar en la universidad con veinticinco o veintiséis años, no tienes responsabilidades, ni hijos, ni preocupaciones, y tienes todo un mundo delante para soñar en cómo mejorarlo, cómo enriquecerlo o cómo crear una raza de superhombres. Entre los catorce y los veinticuatro años es cuando somos soñadores y tenemos toda la energía disponible para soñar. Puedes convertirte en comunista, en socialista o en cualquier otra cosa. Y también es el momento en que empezamos a sentirnos insatisfechos, porque tal como funciona el mundo —con la burocracia, el gobierno, los políticos, la sociedad, la religión— no parece que vayamos a poder crear la realidad de nuestros sueños.

Sales de la universidad y vuelves a casa con la cabeza llena de ideas, pero la sociedad se encarga de acabar con todas esas ideas. Pronto te olvidas de la nueva humanidad y de la nueva era. Ni siquiera encuentras un trabajo ni tienes dinero para sustentarte. ¿Cómo vas a pensar en una sociedad sin clases donde no haya ricos ni pobres?

Este es el momento en que la gente empieza a consumir drogas. Lo hacen porque les produce un alivio momentáneo, pero casi todas las drogas que hay actualmente son muy adictivas, de modo que tienes que ir aumentando la dosis. Son muy destructivas para tu cuerpo y para tu cerebro, y en poco tiempo te sientes completamente inútil. No puedes vivir sin las drogas, y, al mismo tiempo, no puedes integrarte en el mundo con las drogas.

Yo no digo que la generación joven sea responsable de esto y me parece una estupidez absoluta castigarlos y meterlos en la cárcel. No son delincuentes, son víctimas.

Mi idea es que la educación se debería dividir en dos partes: una intelectual y otra práctica. Desde un principio, un niño no debería ir al colegio solo para aprender a leer, a escribir y a sumar, sino también para aprender algo, algún oficio, alguna maestría. Habría que dedicar la mitad del tiempo a las actividades intelectuales y la otra mitad a las necesidades prácticas de la vida, y entonces habría un equilibrio. Cuando saliera de la universidad no sería un utópico y no tendría que pedir trabajo a los demás. Sería capaz de hacer algo por su propia cuenta.

Y si hay alumnos que no están satisfechos con esto, habría que cambiarlo todo desde el principio. Si no están contentos, probablemente sea porque no están estudiando lo que les interesa. A lo mejor quieren ser carpinteros y tú les estás obligando a estudiar Medicina, o a lo mejor quieren ser jardineros y tú les estás obligando a estudiar Ingeniería. Hay que tener mucha psicología para encaminar a cada niño en la dirección correcta para que aprenda. En todos los colegios, institutos y universidades del mundo debería haber al menos una hora de meditación obligatoria; de ese modo, si alguien está descontento o deprimido, puede encontrar un espacio en su interior para descargar toda su depresión y frustración. Y no hace falta caer en las drogas. La respuesta está en la meditación.

En vez de hacer todo esto, los que detentan el poder se dedican a hacer tonterías como prohibir o castigar. Saben que llevamos diez mil años prohibiendo cosas sin obtener resultados. Si prohíbes el alcohol solo conseguirás que haya más gente alcohólica y que aparezca un tipo de alcohol más peligroso. Hay miles de personas que mueren envenenadas, ¿y quién es el culpable?

Ahora castigan a la gente encerrándola en la cárcel varios años, sin comprender que cuando alguien se droga o es adicto a una droga, lo que necesita es un tratamiento y no un castigo. Deberían mandarlo a un sitio donde lo cuiden y le enseñen a meditar, para que, poco a poco, pueda salir de las drogas y encuentre una solución mejor.

En vez de hacerlo, meten a la gente en la cárcel y los condenan a diez años. ¡No valoran la vida en absoluto! Si condenas a un joven de veinte años a diez años de cárcel, estarás desperdiciando sus años más importantes y no conseguirás nada, ya que es más fácil encontrar drogas en la cárcel que en ningún otro sitio. Los presos tienen mucha experiencia usando drogas y se convertirán en los maestros de los que solo eran principiantes. Al cabo de diez años esa persona saldrá de la cárcel teniendo mucha más experiencia. Las cárceles solo te enseñan una cosa, y es que todo lo que hagas está bien siempre que no te descubran, lo importante es que no te descubran. Y ahí hay maestros para enseñarte todo lo que necesitas saber para que no te vuelvan a descubrir.

Todo esto es completamente absurdo. Yo también estoy en contra de las drogas, pero de otra manera.

La dicha es no tener preferencias

Lo primero que debemos entender es que la vida es muy paradójica y esta es la razón por la que ocurren muchas cosas. El ser humano solo tiene dos alternativas: una es estar en el cielo y la otra es estar en el infierno. No hay una tercera posibilidad. O bien sufres inmensamente, o no sufres y eres profundamente dichoso. Estas son las dos únicas alternativas, las dos salidas, las dos puertas, los dos estados.

Entonces surge la inevitable pregunta de por qué escoge el hombre el sufrimiento. El hombre nunca escoge el sufrimiento, siempre escoge la dicha, y esta es la paradoja. Si escoges la dicha, sufrirás, porque ser dichoso significa no tener preferencias. Este es el problema. Si escoges ser dichoso, sufrirás. Si no escoges, simplemente permanecerás como un testigo, sin escoger, y entonces serás dichoso. De modo que no se trata de escoger entre ser dichoso o sufrir, sino que, en el fondo, es una elección entre escoger y no escoger.

¿Por qué tienes que sufrir siempre que escoges? Porque escoger implica dividir la vida, ya que tienes que quitar una parte y eliminarla. Significa que no puedes aceptar la totalidad. Aceptas una parte de la totalidad pero rechazas la otra parte, esto es lo que significa escoger. La vida, en cambio, es la totalidad. Si escoges algo y rechazas algo, lo que has rechazado volverá, porque la vida no se puede dividir. Lo que rechazas adquiere poder sobre ti por el mismo hecho de haberlo rechazado. Te da mucho miedo.

No puedes rechazar nada. Solo puedes cerrar los ojos para no verlo. Solo puedes huir. Aunque no le prestes atención, seguirá ahí oculto esperando el momento propicio para salir. De manera que si niegas el sufrimiento —si dices que no vas a escoger el sufrimiento—, en cierto modo lo estás escogiendo. Ahora te estará rondando siempre. Esta es una de las cuestiones.

En primer lugar, la vida es totalidad, y en segundo lugar, la vida es cambio. Son las dos verdades fundamentales. La vida no se puede dividir. Y en segundo lugar, nada es estacionario ni puede serlo. Por eso, cuando dices: «No voy a sufrir, voy a escoger una forma de vida dichosa», te estás aferrando a la felicidad. Y cuando te aferras a algo es porque quieres atraparlo, te gustaría que fuera permanente. Pero en la vida no hay nada permanente. La vida es un fluir.

Cuando te aferras a la felicidad, estás volviendo a crear sufrimiento, porque llega un momento en que la felicidad también se acaba, nada es eterno. Es como si fuese un río: en cuanto intentas aferrarte al río estás provocando una situación en la que te frustrarás, porque el río avanza. Tarde o temprano, te darás cuenta de que el río se ha ido lejos. Ahora no lo tienes, tus manos se han quedado vacías y tu corazón está frustrado.

Si te aferras a la dicha, tendrás momentos de dicha, pero pasarán. La vida es un fluir. No hay nada permanente excepto tú. No hay nada eterno excepto tú, y si te aferras a algo que va cambiando, cuando eso no esté, sufrirás. Y no es solamente que sufras cuando no está, sino que ni siquiera eres capaz de disfrutarlo cuando lo tienes, porque tu mente se aferra a ello por miedo a perderlo.

Cuando te aferras también estás perdiendo la oportunidad. Más tarde sufrirás y ahora tampoco estás disfrutando porque el miedo está a la vuelta de la esquina, puesto que, tarde o temprano, perderás lo que tienes. El invitado ha llegado a tu casa, pero sabes que es un invitado y que mañana se irá. Empiezas a sufrir por lo que pasará en el futuro —mañana se irá—, y ese dolor, ese sufrimiento, esa angustia, la estás sintiendo ahora, en el presente. No puedes ser feliz mientras el invitado está en tu casa. No puedes ser feliz mientras el invitado está contigo porque ya estás sintiendo la preocupación y la angustia de que se vaya mañana. De manera que mientras está contigo no eres feliz, y cuando se vaya serás infeliz. Eso es lo que ocurre.

LA VIDA ES UN RITMO DE OPUESTOS

En primer lugar, la vida no se puede dividir. Para que pueda haber una elección, la tienes que dividir. Lo que eliges es fluctuante —un día u otro se irá—, y lo que rechazas volverá a acosarte porque no hay escapatoria. No puedes decir: «Solo voy a vivir de día y me voy a saltar las noches». No puedes decir: «Solo voy a vivir inhalando y no voy a permitir la exhalación».

La vida es un ritmo de opuestos. La respiración entra y sale, y entre esos dos opuestos —entrante y saliente—, tú existes. Hay sufrimiento y hay felicidad. La felicidad es como la inhalación y el sufrimiento es como la exhalación, o como el día y la noche, es un ritmo de opuestos. No puedes decir: «Solo voy a vivir si soy feliz. Si no soy feliz, no viviré». Puedes adoptar esa actitud, pero, si lo haces, sufrirás aún más.

Recuerda que nadie escoge el sufrimiento. Tú preguntas por qué el ser humano escoge sufrir. Nadie escoge sufrir. Tú no has escogido sufrir, has escogido ser feliz, y lo has escogido con tenacidad. Haces todo lo posible para ser feliz y por eso estás sufriendo, por eso no eres feliz.

Entonces ¿qué puedes hacer? Recuerda que la vida es todo. No puedes escoger, tienes que vivirla entera. Hay momentos de felicidad y momentos de sufrimiento, pero tienes que vivir las dos cosas, no puedes escoger porque la vida es ambas cosas, si no se perdería el ritmo y sin ritmo no habría vida.

Es como la música. Cuando oyes música, la música tiene notas, sonidos, y después de cada sonido hay un silencio, un intervalo. La música surge debido a esa pausa, a ese intervalo entre el silencio y el sonido, a los dos opuestos. Si dijeras «Solo voy a escoger los sonidos, no quiero que haya intervalos», entonces no habría música. Sería monótono, estaría muerto. Los intervalos le dan vida al sonido. Esa es la belleza de la vida, que ocurre gracias a los opuestos. Sonido y silencio, sonido y silencio, eso es lo que crea la música, el ritmo. Lo mismo ocurre con la vida. El sufrimiento y la felicidad solo son dos opuestos. No puedes escoger.

Si escoges, te convertirás en una víctima y sufrirás. Cuando te das cuenta de que los opuestos son un todo y de que la vida funciona así, no escoges, esta es la primera cuestión. Y cuando no escoges, no tienes necesidad de aferrarte a nada, no tiene sentido aferrarte a nada. Cuando llega el sufrimiento, disfrutas del sufrimiento, y cuando llega la felicidad, disfrutas de la felicidad. Cuando el invitado está en casa, disfrutas de su presencia, y cuando se va, disfrutas del sufrimiento, de la ausencia, del dolor. Lo que quiero decir es que tienes que disfrutar de ambas cosas. Ese es el camino de la sabiduría, disfrutar de las dos cosas sin escoger. Aceptar todo lo que te ocurra. Es tu destino, la vida es así y no puedes cambiarla.

Cuando adoptas esta actitud no estás escogiendo. Has dejado de tener preferencias. Y cuando dejas de tener preferencias, te vuelves más consciente de ti mismo, porque no estás tan pendiente de lo que ocurra, ya no eres tan extrovertido. Lo que ocurra a tu alrededor deja de inquietarte. Disfrutas de todo lo que ocurra, lo vives, vas a través de ello, lo experimentas, y siempre lo aprovechas de alguna manera, porque cada experiencia es una expansión de la conciencia.

Si realmente no hay sufrimiento, serás más pobre, porque el sufrimiento te da profundidad. Una persona que no sufre siempre está en la superficie. El sufrimiento te hace ser más profundo. Si no hay sufrimiento, realmente te falta la sal. No eres nada, eres un aburrimiento. El sufrimiento te da un carácter, te hace más interesante. Adquieres una cualidad que solo puede darte el sufrimiento, la felicidad no puede dártela. Una persona que siempre es feliz, que está cómoda y que nunca ha sufrido, no tiene ese carácter. Solo es un fragmento de ser, pero carece de profundidad. En realidad, no puede tener corazón. El corazón se crea por el sufrimiento, evolucionas por el sufrimiento.

Una persona que solo sufre pero que nunca ha conocido la felicidad, por otro lado, tampoco es rica, porque la riqueza surge de los opuestos. Cuanto más te muevas entre los opuestos, más vas a evolucionar y a profundizar. Una persona que solo sufre se convierte en un esclavo. Si una persona no tiene instantes de felicidad, realmente no está viva. Se convierte en un animal, existe sin saber realmente cómo lo hace. En su corazón no hay poesía, no hay una canción; en sus ojos no hay esperanza. Se acostumbra a una vida pesimista. No hay lucha ni aventura. No se mueve. Solo es un charco estancado de conciencia, pero un charco estancado de conciencia no es consciente, de forma que, poco a poco, se vuelve inconsciente. Por eso te quedas inconsciente cuando sientes un dolor demasiado intenso.

Si solo hay felicidad no sirve porque no hay un desafío. Si solo hay dolor, no evolucionas porque no hay un motivo por el que pelear, por el que tener esperanzas o soñar, no hay una fantasía. Tiene que haber las dos cosas, y la vida transcurre como una suave y delicada tensión entre estos dos estados.

Cuando entiendes esto, dejas de escoger. Entonces sabes cómo funciona la vida, cómo es la vida. La vida es así, consiste en esto, se mueve entre la felicidad y el sufrimiento, y así es como te proporciona un carácter, un sentido y una profundidad. De modo que las dos cosas son buenas.

Yo digo que ambas cosas son buenas. No digo que escojas entre las dos, porque las dos son buenas, no escojas. Al contrario, disfruta de ambas cosas, permite que las dos cosas ocurran. Permanece abierto, sin oponer resistencia. No te aferres a una ni te resistas a la otra.

Convierte la no resistencia en tu lema: no voy a resistirme a la vida. Estaré listo para aceptar lo que la vida me traiga, estaré abierto para recibirlo y disfrutarlo. Las noches también están bien y son bonitas, y el sufrimiento también tiene su belleza. La felicidad nunca podrá tener esa belleza. La oscuridad tiene su belleza y el día tiene su belleza. No tienes que comparar ni que elegir. Las dos cosas tienen una dimensión con la que se puede trabajar.

En el momento que surge esta conciencia dentro de ti, dejas de escoger. Solo eres un testigo y disfrutas, el no tener preferencias se transforma en dicha. La dicha no es lo contrario del sufrimiento, la dicha es una cualidad que puedes aportar a cualquier situación, incluso al sufrimiento.

Un buda no puede sufrir, pero eso no significa que no haya sufrimiento en su vida. Recuerda que hay tanto sufrimiento como en la tuya, solo que él no sufre porque conoce el arte de disfrutar de ello. No puede sufrir porque sigue estando dichoso. Él sigue celebrando, meditando, vital, disfrutando, abierto y sin resistirse, incluso aunque haya sufrimiento. El sufrimiento es algo que le ocurre sin afectarle. El sufrimiento llega y se va, como la respiración que entra y sale. Él sigue siendo el mismo. El sufrimiento no le hace apartarse. El sufrimiento no le hace perder el equilibrio. No hay nada que pueda desestabilizarlo, ni el sufrimiento, ni la felicidad. Tú, sin embargo, eres como un péndulo, todo te desestabiliza, todo. Ni siquiera puedes ser realmente feliz porque la felicidad también te mata. Te dejas llevar demasiado por la felicidad.

Recuerdo que había un maestro —era un hombre muy anciano, pobre y jubilado— al que le tocó la lotería. Su mujer estaba muy preocupada pensando: «Esto va a ser demasiado para mi marido. Cinco mil dólares es demasiado dinero para él. Él es feliz con un simple billete de cinco dólares, le va a dar un ataque cuando sepa que le han tocado cinco mil dólares».

Fue a la iglesia, a la iglesia del barrio, para contarle al sacerdote lo que había ocurrido.

—Mi marido ha salido a dar una vuelta y está a punto de llegar, suele volver sobre esta hora. Haz algo, por favor. ¡Cinco mil dólares! ¡Le va a dar un ataque cuando se entere!

—No te preocupes —le dijo el sacerdote—, sé cómo funciona la mente humana, conozco sus reacciones. Te acompañaré.

De modo que el sacerdote fue con ella hasta la casa. En cuanto llegaron regresó también el marido, y el sacerdote le dijo:

—Imagínate que te tocasen cinco mil dólares, ¿qué harías con tanto dinero?

El marido lo pensó un rato, lo meditó, y luego respondió:

—Le daría la mitad del dinero a la Iglesia.

Al sacerdote le dio un ataque y murió. Había sido demasiado para él.

Si te lo tomas muy en serio, hasta la felicidad te puede matar. No consigues mantenerte al margen de nada. Tanto si llama el sufrimiento a tu puerta como si llama la felicidad, te lo tomas tan en serio que te desequilibra y dejas de estar centrado. Basta que una ligera brisa sople en tu puerta para que pierdas el equilibrio.

Lo que estoy diciendo es que si no escoges y permaneces alerta y atento sabiendo que la vida es así, que el día y la noche vienen y se van, que hay sufrimiento y hay felicidad, solo estarás atestiguando. No te aferras a nada, no anhelas la felicidad ni huyes del sufrimiento. Permaneces en tu centro, centrado, imperturbable. En esto consiste la dicha.

Debes comprender que la dicha no es lo contrario del sufrimiento. No creas que cuando seas dichoso no va a haber sufrimiento, eso es una bobada. El sufrimiento forma parte de la vida. Solo desaparecerá cuando tú dejes de existir. Cuando desaparezcas del todo del cuerpo, se acabará el sufrimiento. Si no hay un nacimiento, se acaba el sufrimiento. Pero entonces te disuelves en la totalidad y dejas de existir, eres como una gota que se funde con el océano y ya no existe.

Mientras estés vivo, habrá sufrimiento. Forma parte de la vida. Pero si eres consciente de esto, habrá sufrimiento a tu alrededor, pero no te ocurrirá a ti. Y, del mismo modo, la felicidad tampoco te ocurrirá a ti. No creas que va a seguir habiendo felicidad y no va a haber sufrimiento, no habrá ninguna de las dos cosas. Es algo que ocurrirá a tu alrededor, solo en la periferia, mientras que tú seguirás centrado en ti mismo. Verás que ocurren y disfrutarás viéndolo, será algo que sucede a tu alrededor pero que no te ocurre a ti.

Esto es lo que sucede cuando no escoges. Por eso he dicho que era algo muy delicado y sutil. Como la vida es paradójica, cuando escoges la felicidad te provoca sufrimiento. Intentas huir del sufrimiento y lo que consigues es provocar más sufrimiento. Podrías considerarlo como una ley suprema: tu destino es que te ocurra lo contrario de lo que has escogido. Podrías decir que es una ley suprema: escojas lo que escojas, siempre te ocurrirá lo contrario.

EL ATESTIGUAR ERES TÚ

Cualquiera que sea tu destino, recuerda que lo has escogido tú al escoger lo opuesto. Si sufres es porque al escoger la felicidad has escogido tu sufrimiento. No escojas la felicidad y desaparecerá el sufrimiento. No escojas nada. De ese modo no te ocurrirá nada y todo estará fluctuando, excepto tú. Esto debería quedarte muy claro.

Tú eres el único factor constante de la existencia, solo tú. Tú eres la eternidad, solo tú. Tu conciencia no fluctúa. Cuando llega el sufrimiento, tú eres el testigo. Después llega la felicidad y tú eres el testigo. Luego no llega nada y tú eres testigo. Solo hay una cosa que permanece constante: el atestiguar. Tú eres ese atestiguar.

Antes fuiste un niño..., o si retrocedes aún más, una vez fuiste una sola célula. Ni siquiera te lo puedes imaginar, una sola célula que no es perceptible a simple vista en el vientre de tu madre. Si pudieses ver esa célula, no serías capaz de identificar que una vez fuiste eso. Luego fuiste un niño, después te convertiste en un joven, y ahora eres un viejo o estás en tu lecho de muerte. Te han ocurrido muchas cosas. Tu vida entera es un flujo de cosas, nada permanece igual ni dos instantes seguidos.

Heráclito decía que no puedes pisar dos veces el mismo río, y cuando lo dijo se estaba refiriendo al río de la vida. No puede haber dos instantes iguales. El momento que acaba de pasar no se va a repetir. Se ha ido para siempre, no volverá a ocurrir. No puede volver a existir lo mismo. Dentro de este flujo tan incesante solo hay una cosa en tu interior que permanece inmutable: el atestiguar.

Si hubieses podido ser un testigo en el vientre de tu madre, te darías cuenta de que la propiedad de ser consciente siempre es la misma. Si hubieses podido ser un testigo cuando eras un niño, la propiedad de atestiguar habría sido la misma. Tanto si eres joven como si estás a punto de morir o estás en tu lecho de muerte, si puedes atestiguarlo, la propiedad de la conciencia siempre será la misma.

Lo único que permanece inalterable en lo más hondo de ti es tu ser que atestigua, tu conciencia, mientras que todo lo demás cambia. Si te aferras a cualquier objeto de un mundo cambiante, sufrirás. Es inevitable. Pretendes hacer algo imposible, por eso sufres. Yo sé que nunca escoges, pero no se trata de eso. Si sufres es porque lo has escogido indirectamente.

Cuando te des cuenta de que la vida tiene esta característica de ser indirecta, de ser paradójica, dejarás de escoger. En el momento que dejes de escoger, el mundo desaparecerá. En el momento que dejes de escoger, te adentrarás en lo absoluto.

Por otro lado, esto solo es posible si desaparece la mente que escoge. Tiene que haber una conciencia sin preferencias, y así encontrarás la dicha. Mejor dicho, serás la dicha. Lo vuelvo a repetir: el sufrimiento va a seguir existiendo, pero ahora nada te hará sufrir. Aunque te arrojen de repente al infierno, para ti dejará de ser el infierno simplemente por tu presencia en él.

Alguien le preguntó a Sócrates adónde le gustaría ir, y Sócrates contestó: «No sé si existe el cielo o el infierno. No sé si existen o no, pero yo no voy a escoger. Mi única oración es que pueda estar alerta allí donde esté. Quiero estar plenamente alerta allí donde esté, ya sea en el cielo o en el infierno, porque eso es irrelevante». Si estás plenamente alerta, el infierno desaparece; el infierno es no estar consciente. Si estás plenamente consciente, aparece el cielo; el cielo es estar plenamente consciente.

En realidad no hay un lugar geográfico que corresponda al cielo o al infierno. Y no sigas creyendo de forma pueril que un día morirás y vendrá Dios para llevarte al cielo o al infierno dependiendo de cómo te hayas portado, dependiendo de lo que hayas hecho en la Tierra. No, el cielo y el infierno es algo que llevas tú en tu interior. Vayas donde vayas, llevas contigo el cielo o el infierno.

Dios tampoco puede hacer nada. Si de repente te lo encuentras, te parecerá un infierno. Tú llevas el infierno dentro de ti y lo proyectas donde vayas. Sufrirás. Será un encuentro mortal, intolerable. Es posible que te quedes inconsciente. Cualquier cosa que te ocurra es porque la llevas en tu interior. La semilla de la conciencia es la semilla de toda la creación.

Recuerda que si sufres, eres tú quien lo ha escogido, puede ser conscientemente, inconscientemente, directamente, indirectamente, pero has sido tú el que lo ha escogido. Es tu elección y tú eres el responsable. Nadie más.

Pero dentro de nuestra mente, de nuestra mente confusa, todo está al revés. Cuando sufres, crees que sufres por culpa de los demás, sin embargo, eres tú la causa de tu sufrimiento. Nadie puede hacerte sufrir. Es imposible. Y aunque alguien te hiciera sufrir, eres tú quien ha escogido sufrir a través de esa persona. La has escogido tú y has escogido un tipo de sufrimiento concreto a través de ella. Nadie puede hacerte sufrir, es tu elección. Pero siempre estás pensando que si el otro cambia o el otro hace algo distinto, tú dejarás de sufrir.

El mulá Nasrudín estaba rellenando un parte de accidente porque había chocado con su vehículo contra otro que estaba aparcado. Tenía que responder muchas preguntas para rellenar el parte. Cuando llegó al punto donde le preguntaban qué podría haber hecho el conductor del vehículo contrario para evitar el accidente, él escribió: «El vehículo estaba aparcado ahí, tendría que haberlo aparcado en otro sitio. El accidente ha sido por su culpa».

Y esto es lo que haces tú. Siempre dices que el otro es el responsable porque debería haber hecho otra cosa y entonces no habría habido sufrimiento. No, el otro no es responsable en absoluto. Tú eres el responsable, y mientras no asumas tu responsabilidad conscientemente, no cambiarás. En el momento que te des cuenta de que tú eres el responsable, se podrá producir un cambio, será fácil que suceda.

Si sufres es porque tú lo has escogido. En esto consiste la ley del karma, simplemente es esto: tú eres completamente responsable. En última instancia, tú eres el responsable de todo lo que te ocurra, ya sea sufrimiento o felicidad, cielo o infierno. Esta es la ley del karma: tú tienes toda la responsabilidad.

Pero no temas, no te asustes, porque si tú tienes toda la responsabilidad, de improviso se abre una puerta, porque si tú eres la causa de tu sufrimiento, puedes cambiar. Si la causa fueran los demás, entonces no podrías cambiar. ¿Cómo puedes hacerlo? Para que tú no sufras tendría que cambiar todo el mundo. Y al parecer no hay ninguna forma de cambiar a los demás, de modo que el sufrimiento no tiene fin.

Somos tan pesimistas que interpretamos leyes tan maravillosas como la ley del karma de tal forma que, en vez de liberarnos, al contrario, nos cargan aún más. En la India conocemos la ley del karma desde hace cinco mil años como poco, ¿y qué hemos hecho? En lugar de asumir nuestra responsabilidad, se la hemos cargado a la ley del karma. Todo lo que ocurre es por la ley del karma y no podemos hacer nada, la vida que tenemos ahora es consecuencia de nuestras vidas pasadas.

La ley del karma era algo que servía para liberarte. Te estaba dando toda la libertad respecto a ti. Nadie más puede hacerte sufrir, ese es su mensaje. Si estás sufriendo, es porque tú lo has creado. Tú eres el dueño de tu vida, y si quieres que cambie, puedes hacerlo ahora mismo y tu vida será distinta. Pero con esta actitud…

Dos amigos estaban hablando. Uno era un genuino optimista, y el otro un genuino pesimista. Ni siquiera el optimista estaba muy contento con la situación. El optimista dijo:

—Si la crisis económica y las catástrofes políticas continúan así y el mundo sigue como está, con tanta inmoralidad, pronto acabaremos mendigando.

Ni siquiera él, que era optimista, estaba muy contento con la situación. Cuando dijo: «acabaremos mendigando», el pesimista contestó:

—¿A quién? ¿A quién vamos a mendigarle si el mundo sigue por este camino?

Tu forma de pensar se refleja en todo. Realmente, transformas la cualidad de cualquier enseñanza o doctrina. Derrotas fácilmente a cualquier Buda o a cualquier Krishna porque puedes cambiarlo todo y deformarlo de acuerdo a tu realidad.

Eres totalmente responsable de lo que eres y del mundo en el que vives. Es tu propia creación. Si puedes asimilar lo que te estoy diciendo, podrás cambiarlo todo. No tienes por qué sufrir.

No escojas, simplemente sé un testigo y entonces serás dichoso. La dicha no es un estado muerto. A tu alrededor seguirá habiendo sufrimiento. De modo que no es una cuestión de lo que te ocurra a ti, sino de cómo eres. El significado total y definitivo sale de ti, no del hecho en sí.

QUE SE HAGA TU VOLUNTAD

Un día llegó un hombre, un campesino, un anciano campesino, y dijo:

—Mira, a pesar de que seas Dios y de que hayas creado el mundo, te digo una cosa: tú no eres campesino y no conoces las reglas básicas de la agricultura. La naturaleza es completamente absurda, su forma de funcionar no tiene sentido, lo digo porque lo sé por experiencia. Deberías aprender algunas cosas.

—¿Y qué es lo que me aconsejas? —le preguntó Dios.

El campesino respondió:

—Si me concedes un plazo de un año y me dejas hacer las cosas a mi manera, verás lo que ocurre. ¡Acabaré con la pobreza!

Dios estaba dispuesto a intentarlo y le concedió un año al campesino. Ahora todo funcionaría según su voluntad. Naturalmente, el campesino pidió lo mejor, solo quería lo mejor: que no tronara, que no hubiera vientos fuertes ni otros peligros para la cosecha. Todo iba perfectamente y él estaba muy contento. ¡El trigo estaba creciendo mucho! No había peligros ni contratiempos y todo iba de maravilla. Cuando quería que hubiese sol, había sol; cuando quería lluvia, había lluvia, y siempre tenía todo lo que quería. En el pasado, a veces llovía demasiado y se desbordaban los ríos, y eso destruía las cosechas; otras veces no llovía lo suficiente y la tierra se secaba, y se morían las cosechas..., siempre pasaba algo. Era muy raro que todo fuera bien, pero este año todo iba bien, todo iba a la perfección.

El trigo estaba creciendo tanto que el campesino estaba feliz. Solía ir a ver a Dios para decirle:

—¡Mira! Esta vez la cosecha va a ser tan abundante que en los próximos diez años la gente no tendrá que trabajar porque habrá comida suficiente.

Cuando segaron el trigo se dio cuenta de que en su interior no había granos. Estaba sorprendido, ¿qué podía haber pasado?

—¿Qué ha ocurrido? —le preguntó a Dios—. ¿Qué he hecho mal?

Dios le contestó:

—Como no ha habido desafíos, ni dificultades, ni conflictos, ni fricción, todo ha ido bien y has evitado todo lo malo, la consecuencia es que el trigo se ha vuelto estéril. Es necesario que haya un poco de esfuerzo. Tiene que haber tormentas, tiene que haber truenos y relámpagos para sacudir el alma que hay dentro del trigo.

Es una parábola muy reveladora. Si solo eres feliz y siempre feliz, la felicidad dejará de tener sentido, te cansarás de ella, te hartarás. La felicidad también te interesa porque hay momentos tristes. Esos momentos tristes mantienen tu interés en la felicidad. No puedes comer solamente azúcar y siempre azúcar, tienes que comer algo salado o perderás el sentido del gusto.

Si siempre eres feliz, y feliz, y solo feliz..., tendrás diabetes de ser tan feliz. Te volverás estéril. Te aburrirás, te aburrirás solemnemente, tu vida dejará de tener sentido. Es como escribir con una tiza blanca en una pared blanca. Por mucho que escribas, nadie podrá leerlo. Tienes que escribir sobre una pizarra negra, entonces se podrá ver perfectamente. La noche es tan necesaria como el día. Y los días tristes son tan esenciales como los días felices.

Esto es lo que yo llamo comprensión. Cuando lo comprendes, te relajas, y al relajarte te entregas y dices: «Que se haga tu voluntad». Dices: «Haz lo que creas que está bien. Si hoy tiene que haber nubes, que haya nubes. No me hagas caso, mi comprensión es muy limitada. Mi voluntad es muy tonta. ¿Qué sabré yo de la vida y de sus secretos? ¡No me hagas caso! Sigue haciendo tu voluntad».

Y a medida que vas dándote cuenta del ritmo de la vida, del ritmo de la dualidad, del ritmo de la polaridad, dejas de pedir y dejas de escoger. No es que cambie algo cuando escoges, no cambia nada pero te frustras. Todo sigue igual. Si el río va hacia el norte, va hacia el norte. Aunque tú decidas que el río tiene que ir hacia al sur, no conseguirás nada y solo te deprimirás. ¡El río seguirá yendo hacia el norte!

Tu voluntad, tu elección o tu acción no provocan ningún cambio. Aunque, obviamente sí hay una diferencia; no hay ninguna diferencia en la situación del mundo o de la creación, hay una diferencia en tu psicología porque te frustras, o bien porque el río no va hacia el norte o bien porque va hacia el norte pero en tu mente tienes la dirección opuesta. Has fracasado. No es que el río tenga ningún interés en que tú fracases, el río no tiene nada que ver contigo. Él simplemente va hacia el norte.

Un hombre de entendimiento va con el río, fluye, se mueve con el viento. Poco a poco, el hecho de entender que «nada está en mis manos» se convierte en una rendición. Y esa rendición conlleva una gran bendición. Esa rendición nos trae la dicha.

¡Has descubierto el secreto! Ese es el secreto. Vive con ese secreto y comprueba su belleza. Vive con este secreto y ¡de repente te sorprenderás de la grandísima bendición que es la vida! ¡Te darás cuenta de todo lo que te da la vida en cada momento! El problema es que tienes unas expectativas, tus pequeños y triviales deseos te limitan, y te sientes infeliz cuando las cosas no se ajustan a tus deseos.

La infelicidad solo tiene un significado, y es que las cosas no se ajustan a tus deseos..., pero las cosas nunca se van a ajustar a tus deseos porque eso es imposible. Las cosas simplemente obedecen a su naturaleza.

Lao Tzu llama Tao a esta naturaleza. Buda llama Dhamma a esta naturaleza. Mahavira ha manifestado que la naturaleza de las cosas es la religión. No puedes hacer nada. El fuego es caliente y el agua es fría. No intentes imponerle tu voluntad a la naturaleza de las cosas. Eso es lo que intenta hacer una persona estúpida, y de esa manera solo consigue sufrir y crear un infierno. Un hombre sabio es alguien que se relaja con la naturaleza de las cosas, que fluye con la naturaleza de las cosas.

Y cuando fluyes con la naturaleza de las cosas, no hay contrariedades. No hay sufrimiento. Entonces, incluso la infelicidad es luminosa, incluso la infelicidad tiene su propia belleza. No significa que desaparezca, la infelicidad seguirá existiendo pero ya no será tu enemiga. Te harás amiga de ella porque comprenderás que es necesaria. Podrás ver su gracia, y te darás cuenta de por qué existe y de por qué es necesaria. Sin ella serías menos, en vez de ser más.

Más allá de la tristeza

Cuando llegue la tristeza, acéptala. Escucha su canción. Tiene algo que ofrecerte. Tiene un regalo que la felicidad no puede darte. Solo puede dártelo la tristeza.

La felicidad es superficial y la tristeza es profunda. La felicidad es como una ola, la tristeza tiene la profundidad de un océano. Cuando estás triste estás contigo, te quedas solo. Cuando eres feliz sales con la gente, empiezas a compartir. Cuando estás triste cierras los ojos y ahondas en tu interior. La tristeza tiene su música, es un fenómeno muy profundo. Acéptala. Disfrútala. Saboréala sin rechazarla y verás que tiene muchos regalos que no puede darte la felicidad.

Cuando aceptas la tristeza, deja de ser tristeza. Le aportas una nueva cualidad. Estás creciendo a través de ella. Ya no es una piedra o una roca que se interpone en tu camino, sino que se convierte en un peldaño.

No te olvides de que una persona que no ha conocido una tristeza profunda, es pobre. Nunca tendrá riqueza interior. Una persona que siempre ha vivido feliz, sonriente, de forma superficial, nunca se habrá adentrado en el templo más íntimo de su ser. Se habrá perdido el santuario que hay en lo más profundo de su ser.

Debes ser capaz de moverte en todas las polaridades. Cuando llegue la tristeza, siéntete verdaderamente triste. No trates de escaparte de ella, permítela, coopera con ella, deja que se disuelva en ti y disuélvete tú en ella. Vuélvete uno con ella. Siéntete realmente triste, sin resistirte, sin conflicto, sin lucha. Cuando llegue la felicidad, sé feliz, baila, permítete estar extático. Cuando llegue la felicidad no te aferres a ella. No digas que debería quedarse para siempre, porque es la forma de perderla. Cuando llegue la tristeza no digas: «No vengas a mí», o «Has venido pero vete pronto». Esa es la forma de perderla.

No rechaces la tristeza ni te aferres a la felicidad, y pronto entenderás que la felicidad y la tristeza son las dos caras de la misma moneda. Entonces verás que la felicidad también contiene tristeza, y que la tristeza también contiene felicidad. Así es como se enriquece tu ser interno. Puedes disfrutar de todo: de la mañana y del atardecer, de la luz y de la oscuridad, del día y de la noche, del verano y del invierno, de la vida y de la muerte. Puedes disfrutarlo todo.

Cuando no escoges, ya eres trascendental. Ya has trascendido. Entonces la dualidad no te divide. Permaneces indiviso, y esto es el advaita, esto es lo que quería decir Shankara cuando hablaba de la «no dualidad». Esto es lo que enseñan los Upanishads: a ser no dual, a ser uno.

Ser uno quiere decir no escoger, porque cuando escoges la elección te divide. Cuando dices: «Me gustaría ser feliz pero no quiero ser infeliz», te divides. Simplemente di: «Que sea bienvenido todo lo que tenga que venir. Mis puertas están abiertas. Si viene la tristeza, la acogeré. Si viene la felicidad, la acogeré. Seré un anfitrión de todo lo que venga, sin rechazar nada ni escoger nada, sin que nada me guste ni me disguste».

De repente, nada te puede dividir. Has alcanzado la unidad interna, la melodía interna, la música interna, la armonía interna.

Respuestas a preguntas

«Hay un miedo en mi interior que me hace estar cerrado, insensible, triste, desesperado, irritado y sin esperanzas. Es tan imperceptible que realmente no consigo entrar en contacto con él. ¿Cómo podría verlo con más claridad?».

El único problema que tienes con la tristeza, la desesperación, la rabia, la falta de esperanza, la preocupación, la angustia y el sufrimiento es que quieres librarte de ellos. Ese es el único obstáculo.

Tienes que vivir con todas esas cosas. No puedes escaparte. Todas esas cosas son justamente las situaciones en las que se tiene que integrar y fluir la vida. Son los desafíos de la vida. Acéptalos. Son una bendición disfrazada. El problema surge cuando quieres huir o deshacerte de ellas, porque cuando quieres deshacerte de algo, nunca lo miras de frente. Se esconde de ti porque lo estás juzgando y se va ocultando cada vez más en tu inconsciente, hasta meterse en el rincón más oscuro de tu ser, donde no lo puedas encontrar. Se va al sótano de tu ser y se esconde ahí. Y, por supuesto, cuanto más se esconda, más problemas te causará, porque empezará a actuar desde escondrijos de tu ser que ni tú mismo conoces y no puedes hacer nada.

Por eso, lo primero que hay que hacer es no reprimir nunca nada. Antes que nada, sea lo que sea, acéptalo y deja que llegue, déjalo estar frente a ti. De hecho, no nos basta con decir simplemente: «No hay que reprimir nada». Si me lo permites, me gustaría decirte que «te hagas amigo de ello». ¿Te sientes triste? Hazte amigo de la tristeza, compadécete de ella. La tristeza también tiene un ser. Permítela, acéptala, siéntate con ella, tómala de la mano. Enamórate de ella. La tristeza también es bella. No es mala. ¿Quién te ha dicho que sea mala? En realidad, la tristeza es lo único que te da profundidad. La risa es superficial, la felicidad solo está en la superficie. La tristeza llega hasta los huesos, hasta la médula. No hay nada que cale tan hondo como la tristeza.

De modo que no te preocupes. Quédate con la tristeza porque te llevará hasta el centro más profundo de tu ser. Puedes subirte a ella y dejar que te lleve y te enseñe algunas cosas de tu ser que no conocías hasta ahora. Esas cosas solo se pueden revelar en un estado de tristeza, no se pueden revelar en un estado alegre. La oscuridad también es buena, la oscuridad también es divina. No solo el día es de Dios, la noche también. Para mí esta actitud es una actitud religiosa.

«Hay un miedo en mi interior que me hace estar cerrado, insensible, triste, desesperado, irritado y sin esperanzas. Es tan imperceptible que realmente no consigo entrar en contacto con él».

Cuando quieres deshacerte de él se vuelve imperceptible. Entonces, por supuesto, se protege y se esconde en los rincones más recónditos de tu ser. Se vuelve tan imperceptible y se disfraza de tal manera que no lo reconoces. Adopta diferentes nombres. Si estás absolutamente en contra de la rabia, la rabia surgirá con otro nombre que podría ser orgullo o podría ser ego, o también podría disfrazarse de orgullo religioso o incluso de piedad. Se puede esconder detrás de tus virtudes y se puede esconder detrás de tu carácter. Entonces será más imperceptible aún porque ha cambiado de etiqueta. Está representando otro papel, pero, en el fondo, sigue siendo la rabia.

Deja que las cosas sean como son. En eso consiste la valentía: en permitir que las cosas sean como son.

No te prometo un jardín de rosas, habrá espinas. También hay rosas, pero solo puedes llegar a ellas atravesando las espinas. Si alguien no ha estado nunca verdaderamente triste, nunca será verdaderamente feliz. Es imposible que sea feliz. Su felicidad será impostada, estará vacía, no tendrá fuerza. Lo puedes comprobar en la expresión de la gente cuando se ríe: es una risa muy superficial, solo está dibujada en sus labios, pero no tiene nada que ver con su corazón, está totalmente desconectada del corazón.

Es como un pintalabios que hace que los labios parezcan más rojos y tengan más color, pero ese color no se debe al color de la sangre. Es bonito que los labios sean rojos, pero ese color debería provenir del vigor, de los glóbulos rojos, de tu energía, de tu vitalidad, de tu juventud. Pintarse los labios de rojo, sin embargo, es algo horrible. Los pintalabios son horribles. Todo eso es completamente absurdo. Si tus labios son rojos, vibrantes, vivos, ¿para qué quieres pintártelos? Los estás convirtiendo en algo horrible y falso.

Tu felicidad es como un pintalabios. No eres feliz y sabes que no lo eres, pero no lo aceptas porque eso sería demoledor para tu ego. ¿Que tú no eres feliz? No lo puedes aceptar. Es posible que no seas feliz internamente, pero te lo guardas para ti, no lo manifiestas, no dices la verdad. Frente al resto del mundo tienes que disimular, tienes que dar una imagen, y por eso te sigues riendo. Si te fijas en la risa de la gente, enseguida te das cuenta de si sale del corazón. Cuando sale del corazón, notas inmediatamente una vibración distinta, rebosa algo. Esa persona está realmente feliz. Cuando es una risa que solo está en los labios, está vacía. Es un gesto, pero detrás no hay nada. Solo es una fachada.

Cuando alguien está reprimiendo su tristeza no puede reírse profundamente, no puede hacerlo porque tiene miedo a la tristeza. Le da miedo profundizar en su risa porque la tristeza podría aflorar, podría salir al exterior. Siempre tiene que estar en guardia.

Cualquiera que sea la situación, por favor, permite que suceda lo que tenga que suceder. Si estás triste, estás triste. La existencia es eso para ti, al menos en este momento quiere que estés triste. ¡Sé auténtico, estás triste! Vive esa tristeza. Si puedes vivir esa tristeza, la felicidad que surja tendrá otra cualidad, no será una tristeza reprimida, sino que estará más allá de la tristeza.

Una persona que puede estar pacientemente triste, de repente un día se dará cuenta de que ha surgido la felicidad en su corazón de una fuente desconocida. Esa fuente desconocida es la existencia. Si realmente te has sentido triste, te lo has ganado; si realmente has estado desilusionado, desesperado, infeliz y desdichado, y has estado en el infierno, te has ganado el cielo. Has pagado el precio.

Estaba leyendo un chiste:

El señor Goldberg volvió a casa inesperadamente de la oficina y se encontró a su mujer en la cama con el señor Cohen, su vecino de al lado.

Consternado y disgustado, fue a la casa de al lado para hablar con la señora Cohen.

—¡Señora Cohen! —gritó—. Su marido está en la cama con mi mujer.

—¡Tranquilícese, tranquilícese! —dijo la señora Cohen—. No se lo tome tan en serio. Siéntese y tómese una taza de té. Relájese.

El señor Goldberg se sentó en silencio y tomó su taza de té. Entonces distinguió un brillo especial en los ojos de la señora Cohen.

Ella le sugirió tímidamente:

—¿Le apetece que nos venguemos?

Y fueron al sofá e hicieron el amor. Luego tomaron otra taza de té y se vengaron otra vez; un poco más de té y se volvieron a vengar, más té…

Finalmente, la señora Cohen miró al señor Goldberg y le preguntó:

—¿Nos volvemos a vengar?

—Le voy a confesar algo, señora Cohen —dijo la mar de tranquilo el señor Goldberg—, ya no tengo ningún resentimiento.

Sea cual sea la situación, si estás triste, estate triste, si sientes venganza, véngate, si estás celoso, siente los celos, si estás furioso, enfádate. No trates de evitarlo. Tienes que vivirlo, es parte del progreso, del desarrollo, de la evolución de la vida. Los que quieren evitarlo, no maduran. Si quieres seguir siendo inmaduro lo puedes evitar, pero recuerda que estás evitando la vida misma. No importa lo que estés evitando, el hecho de evitarlo es evitar la vida.

Tienes que hacerle frente a la vida. Tienes que afrontar la vida. Siempre habrá momentos difíciles, pero un día sabrás que esos momentos difíciles te hicieron más fuerte porque pudiste afrontarlos. Fueron necesarios. Esos momentos difíciles son duros en el momento que los estás pasando, pero luego te das cuenta de que te has vuelto más fuerte gracias a ellos. Sin ellos nunca habrías estado centrado, nunca habrías tenido los pies en la tierra.

Las antiguas religiones del mundo siempre han sido represivas, pero la nueva religión del futuro será expresiva. Yo te enseño esa nueva religión. La expresión debe ser una de las reglas fundamentales de tu vida. Si tienes que sufrir por ello, sufre. No serás un perdedor. Ese sufrimiento hará que tu capacidad de disfrutar la vida y de regocijarte en ella aumente cada vez más.

«¿Cómo puedo ser yo mismo?».

Esto debería ser lo más fácil del mundo, pero no lo es. Para ser uno mismo no hay que hacer nada, ya lo eres. ¿Cómo podrías ser algo distinto? ¿Cómo podrías ser otra persona? Sin embargo, entiendo tu problema. El problema surge porque la sociedad corrompe a todo el mundo. Hasta ahora, la sociedad solo ha sido una gran corrupción. Corrompe la mente, corrompe el ser. Te impone ciertas cosas y así pierdes contacto contigo mismo. Te intenta convertir en algo distinto de lo que deberías ser. Te saca de tu centro. Te aleja de ti. Te enseña a ser como Jesucristo o como Buda, a ser una cosa u otra, pero nunca te dice que seas tú mismo, nunca te da libertad para ser tú. Te inculca en la mente imágenes ajenas o externas.

Y entonces surge el problema. A lo sumo puedes fingir, pero cuando finges no estás satisfecho. Siempre quieres ser tú y eso es natural, la sociedad, en cambio, no te lo permite. Quiere que seas otra cosa. Quiere que seas falso. No quiere que seas auténtico, porque la gente auténtica es peligrosa, la gente auténtica es rebelde. La gente auténtica no se deja controlar tan fácilmente, la gente auténtica no se deja disciplinar. Las personas auténticas viven la realidad a su manera, hacen lo que quieren, no les importa lo demás. No puedes sacrificarlos. No puedes sacrificarlos en nombre de la religión, en nombre del Estado, en nombre de la nación o de la raza. No podrás convencerlos de que se tienen que sacrificar. Las personas auténticas siempre buscan su felicidad. Su felicidad es lo más supremo y no están dispuestas a sacrificarla por otra cosa. Ese es el problema.

Por eso todas las sociedades intentan confundir a los niños y les enseñan a ser otra persona. Con el tiempo, el niño aprende a fingir, a ser hipócrita. Un día —y esta es la paradoja— esa misma sociedad te dice: «¿Qué te ocurre? ¿Por qué no eres feliz? ¿Por qué estás tan deprimido? ¿Por qué estás triste?». Y luego llegan los sacerdotes. Primero te corrompen y te alejan del camino de la felicidad —porque la única felicidad que hay es la de ser tú mismo—, y luego llegan y te dicen: «¿Por qué estás triste? ¿Por qué no eres feliz?». Y entonces te enseñan a ser feliz. Primero te provocan una enfermedad y luego te venden las medicinas. Es una gran conspiración.

Una viejecita judía estaba sentada en un avión junto a un enorme noruego, y no hacía más que mirarlo. Finalmente, se volvió hacia él y le preguntó:

—Perdone, ¿es usted judío?

—No —respondió el hombre.

Ella siguió escudriñándolo y dijo:

—Estoy segura de que usted es judío.

Para que no le siguiera molestando, el caballero contestó:

—De acuerdo, soy judío.

Ella le miró negando con la cabeza y dijo:

—Pues no lo parece.

Así funcionan las cosas. Tú me preguntas: «¿Cómo puedo ser yo mismo?». Olvídate de todas tus pretensiones, olvídate de esa necesidad de ser otra persona. Olvídate del deseo de parecerte a Jesucristo, a Buda, a Mahavira, a Krishna o a tu vecino. Olvídate de competir y de compararte con los demás, y así es como serás tú mismo.

El problema es la comparación. Siempre estás fijándote en el otro y en cómo le van las cosas. Él tiene una casa grande y un coche grande, y por eso te sientes infeliz. Él tiene una mujer hermosa, y por eso te sientes infeliz. Él está escalando puestos en el mundo del poder y la política, y por eso te sientes infeliz.

Cuando te comparas, empiezas a imitar. Cuando te comparas con los ricos, empiezas a ir por el mismo camino. Cuando te comparas con personas instruidas, empiezas a acumular conocimientos. Cuando te comparas con los que llamamos santos, te conviertes en un modelo de virtudes y los imitas. Imitar es perder la oportunidad de ser tú mismo.

Olvídate de las comparaciones. Tú eres único. No hay nadie como tú, nunca ha habido nadie como tú ni habrá nadie como tú. Eres completamente único. Y cuando digo que eres único, no estoy diciendo que seas mejor que los demás. Solo quiero decir que ellos también son únicos. Ser único es una característica común a todos los seres. Ser único no es comparar, ser único es ser tan natural como la respiración misma. Todo el mundo respira y todo el mundo es único. Mientras estés vivo, serás único. Solo los cadáveres se parecen, las personas vivas son únicas. Nunca se parecen, eso es imposible.

La vida jamás repite el mismo patrón. La existencia no se repite, cada día canta una nueva canción, cada día pinta algo nuevo. Respeta tu unicidad y olvídate de comparar.

La comparación es lo que tiene la culpa. En cuanto empiezas a comparar, te encarrilas. No debes compararte con nadie porque esa persona no es tú, y tú no eres esa persona. Tú serás tú, y él será él. Olvídate de él y relájate en tu ser. Empieza a disfrutar de lo que eres. Goza de los momentos que se presenten. La comparación te lleva al futuro, la comparación te lleva a la ambición, la comparación te lleva a la violencia. Te hace pelear, luchar; te vuelves hostil.

La vida no es un producto. La felicidad no es un producto, no es algo que pueden tener ciertas personas y otras no. «¿Cómo podrías tener la felicidad si ya hay otro que la tiene?». La felicidad no es un producto en absoluto. Puedes tener toda la que quieras, solo depende de ti. Nadie va a competir contigo, no hay nadie que compita contigo. Es como un jardín maravilloso: tú puedes verlo y apreciarlo, y los demás también pueden verlo y apreciarlo. El hecho de que otra persona lo aprecie y diga que es precioso no te impide disfrutarlo a ti, esa persona no se está aprovechando de ti. El jardín no es menos bonito porque haya otra persona que lo aprecie, no es menos bonito porque otra persona esté arrebatada por su belleza. Al contrario, el jardín es más bonito porque esa persona que lo aprecia le está aportando una dimensión nueva.

Las personas felices, de hecho, le aportan algo a la existencia. Solo por el hecho de ser felices generan vibraciones de felicidad. Si cada vez hay más gente feliz, podrás apreciar más el mundo. No pienses en términos de competencia. No es que tú no puedas ser feliz porque ellos son felices, no es que tengas que abalanzarte sobre ellos para robarles la felicidad, no es que tengas que competir con ellos.

Ten en cuenta que si el resto de la gente no es feliz, es muy difícil que tú puedas serlo. La felicidad está al alcance de todo el mundo. La felicidad está al alcance de cualquier persona que abra su corazón. Esta felicidad es lo que yo denomino divinidad.

No se trata de que ya haya alguien que la tiene. No es como un cargo político, donde alguien se convierte en presidente de un país, pero solo hay un presidente y no todo el mundo puede optar a ese cargo. Cuando alguien se ilumina, eso no impide que los demás se iluminen, al contrario, les ayuda. Gracias a que Buda se iluminó, ahora es más fácil que te puedas iluminar tú. Gracias a que Jesús se iluminó, ahora es más fácil que te puedas iluminar tú. Ya ha habido alguien que ha caminado por esa senda y ha dejado sus huellas, te ha dejado algunas pistas. Ahora tú puedes hacerlo más fácilmente, con más confianza, con menos dudas. Todo el mundo se puede iluminar, todos los seres se pueden iluminar, pero no todo el mundo puede ser presidente. En un país con seiscientos millones de habitantes solo uno puede llegar a presidente, y, por supuesto, es muy competitivo. Sin embargo, esos seiscientos millones de personas se pueden iluminar, nadie se lo impide.

Lo divino nunca es competitivo. Y tu ser es divino, así que tendrás que aclararte. La sociedad te ha hecho un lío y te ha enseñado a vivir en un mundo competitivo. La religiosidad es una forma de vida no competitiva. La sociedad es ambiciosa, la religiosidad no es ambiciosa. Solo podrás ser tú mismo cuando no seas ambicioso. Es así de fácil.

«¿Cómo podemos ser felices?».

Si quieres ser feliz, serás infeliz, el hecho de quererlo te va a generar infelicidad. Por eso la gente es infeliz. Todo el mundo quiere ser feliz, y, aun así, todo el mundo es infeliz. ¿No te has dado cuenta de esto? ¿Alguna vez has conocido a alguien que no quisiera ser feliz? Si has conocido a alguien, habrás visto que esa persona es feliz. Si conoces a alguien que te diga: «No quiero ser feliz, no me interesa», de repente te darás cuenta de que esa persona esa absolutamente feliz.

Cuando una persona quiere ser feliz, será infeliz en la misma proporción. Si su deseo de ser feliz tiene un grado, será infeliz en el mismo grado, la proporción de infelicidad es igual a su deseo de felicidad. ¿Por qué ocurre esto? La gente me pregunta: «Si todo el mundo quiere ser feliz, ¿por qué hay tanta gente infeliz, por qué casi todo el mundo es infeliz?». Precisamente por eso, porque quieren ser felices.

La felicidad no se puede desear. Siempre que hay un deseo, hay sufrimiento, porque el deseo provoca sufrimiento. La felicidad es un estado de ausencia de deseos, es un estado en el que hay una profunda comprensión de que el deseo provoca sufrimiento.

Hay dos formas de ser feliz, una de ellas es arrancárselo a la vida y la otra es aceptar lo que venga. La primera forma exige la felicidad y rechaza todo lo demás, por eso vive entre la esperanza y el miedo, entre el sueño y el rechazo. La segunda forma acepta la felicidad cuando sucede pero sin exigirla, y también acepta todo lo demás. La felicidad llega cuando aceptas todo lo que venga. Entonces no estás amarrado al temeroso deseo de tener, ni a la frenética obsesión de asirte a algo, ni a la fiebre de agarrarte a un clavo ardiendo de certidumbre. Por el contrario, sientes el placer de bañarte en el río dejándote llevar por el agua.

Tú me preguntas: «¿Cómo podemos ser felices?». Eso quiere decir que quieres arrancárselo a la vida, que quieres ser agresivo con la vida. Así no podrás ser feliz porque la vida solo le llega a quien no es agresivo, la vida solo le llega a quien está en un estado de profunda y pasiva receptividad. No puedes ser violento con la vida. Si eres violento, serás infeliz y desdichado, te perderás la vida, la vida te evitará. Se te escapará de las manos. Eres un violador, quieres violar a la vida y por eso eres infeliz.

La vida llega bailando, pero solo cuando no eres violento ni agresivo. Cuando no eres ambicioso, cuando ni siquiera estás buscando la felicidad, simplemente estás aquí, y entonces te das cuenta de que la vida te colma de felicidad..., se produce un encuentro de la felicidad contigo.

La persona que realmente conoce el arte de ser feliz —que significa no desear— también sabe que hay que aceptar todo lo que ocurra sin excepción, sin rechazar nada. Entonces, poco a poco, todo se transforma en felicidad. Las cosas pequeñas que no tienen mucha importancia se vuelven muy significativas cuando las aceptas. Todo lo que rechazas te hace sufrir. Y cuando renuncias a rechazarlo y lo aceptas de todo corazón, cuando lo acoges, sientes que surge una gracia en tu interior. Poco a poco, y a medida que aumenta el entendimiento y la ausencia de deseo, te encuentras repleto de felicidad. No es solo que estés feliz, sino que estás rebosante de felicidad y se transmite a los demás, empiezas a repartir tu felicidad con los demás.

Lo que te sugiero es que no seas agresivo y que te relajes, porque así es como llega la felicidad. Si eres receptivo y femenino, la felicidad llegará. No seas masculino ni agresivo.

En el mundo puedes comprobar que los países que más buscan la felicidad son los más infelices. En Estados Unidos, por ejemplo, se busca demasiado la felicidad. Ese anhelo, ese esfuerzo constante por ser feliz, está volviendo neuróticos a los norteamericanos. Las tres cuartas partes del país está neurótica. Y la cuarta parte restante no puedo decir que no esté neurótica, porque es desconfiada, ambigua, poco clara. Es la primera vez que ocurre esto en la historia de la humanidad, que haya tanta gente padeciendo esta suerte de neurosis, como si el estado normal del ser humano fuese estar neurótico. Y esto ocurre porque nunca había habido tanta gente buscando la felicidad como ahora.

Si vas a una tribu primitiva donde la gente todavía no está civilizada, gente a la que los norteamericanos califican de atrasada, verás que son enormemente felices. Están atrasados y un día llegarán los misioneros para educarlos y para que sean adelantados, abrirán colegios y hospitales, y llevarán a cabo un «gran servicio», pero pronto todos serán infelices y tendrán que ir al psiquiatra o al psicoanalista. Y entonces los misioneros estarán felices porque han hecho su trabajo. ¡Han hecho un gran servicio a esas personas! Hacen un gran trabajo y lo hacen con una gran devoción pero, en realidad, no saben lo que están haciendo.

Estados Unidos tendría que volverse un poco más atrasado y dejar en paz a las personas atrasadas, porque son la única esperanza que nos queda. Sin embargo, no podemos soportar a las personas felices, quizá sea por envidia, pero no las soportamos.

Una vez vino a verme un hombre. Había estado en la selva de Bastar educando a los niños aborígenes durante treinta años y había dedicado toda su vida a ello. Conoció a Gandhi cuando tenía treinta años, y desde entonces había trabajado y dedicado toda su vida a esa labor. Vino para pedirme ayuda porque quería que algunos de mis sannyasins fueran a educar a los aborígenes. Yo le dije: «Has venido a pedírselo a la persona menos indicada, porque yo soy incapaz de hacerle daño a la gente».

Conozco al pueblo de Bastar, he estado con ellos. Son unos de los seres más bellos que hay, y tenemos que preservarlos. Son las únicas personas felices que hay..., todavía saben bailar, cantar, amar, y disfrutar la vida. No saben filosofar, no saben matemáticas ni historia, no saben geografía ni saben escribir, pero todavía tienen un ser, todavía tienen gracia. Cuando los ves caminar, te das cuenta de que aún tienen prestancia y una mirada muy inocente. No se ha suicidado nadie en esta tribu desde hace siglos; de hecho, no tenemos noticias de que se haya suicidado nunca nadie. Y si alguna vez ha habido un asesinato, entonces el culpable se entrega y confiesa ante el tribunal: «He cometido un asesinato. Merezco un castigo, el que queráis». Él mismo va a la comisaría de policía. Tiene que recorrer unos trescientos kilómetros a pie, porque la comisaría está muy lejos de la selva, y menos mal que está lejos. El hombre que ha cometido el asesinato camina trescientos kilómetros y se entrega en la comisaría de policía. Nadie se lo ha pedido, nadie lo estaba buscando. Son un pueblo maravilloso.

Y saben amar. Aunque digan que están atrasados, te sorprenderá saber que en el centro de la aldea hay una pequeña sala que es una parte del pueblo reservada para los niños. Hay una pequeña sala para los niños. Cuando a los niños se les despierta la curiosidad por el sexo, todos los niños de la comunidad van a dormir a esa sala. Se les permite hacer el amor, pero no pueden estar con la misma chica más de tres días. De manera que todos los chicos y chicas conocen a los demás chicos y chicas de la tribu. Así aprenden a no ser posesivos y el amor simplemente es un juego. Tienen toda la libertad que quieran, no hay tabúes ni represión, ni posibilidad de que existan. Cuando los niños empiezan a tener madurez sexual o a interesarse por el sexo, enseguida los llevan a dormir a la sala común donde pueden buscar una pareja. Allí es donde se conocen, todos los chicos se relacionan con todas las chicas y todas las chicas se relacionan con los chicos. Y después de conocerse, eligen.

Cuando se casan, es un matrimonio maravilloso. Tienen una relación muy estrecha porque hay armonía entre los dos. El chico ha estado con todas las chicas y ha escogido a la chica que más conecta con su corazón, con la que más se puede entregar. Ahora sabe con quién puede tener el mejor orgasmo, no tiene que adivinarlo. No la ha escogido por el tamaño de su nariz ni por el color de su pelo —eso son tonterías—, y no la ha escogido por su altura ni por su peso. Tampoco la ha escogido por la ropa, ya que van desnudos. Solo la ha escogido porque con ella ha tenido una experiencia orgásmica más profunda, con ella ha tenido la mejor experiencia, el mayor éxtasis. Su decisión es fruto de ese éxtasis. ¿Te atreves a decir que son personas atrasadas? Son las personas más liberadas que hay.

Por supuesto, el divorcio no existe ni es necesario, porque el hombre ha encontrado a su mujer y la mujer ha encontrado a su hombre, han encontrado a su pareja ideal, es como si hubiesen nacido el uno para el otro. No es algo poético ni una vaga fantasía, y tampoco es mental. Es una gran experiencia y cuando esa experiencia se asienta —aunque ellos no tengan prisa y la sociedad les deje tranquilos, a no ser que ellos lo decidan porque han encontrado a la pareja que les transporta a otro mundo, a otra dimensión, en la que el sexo ya no es sexo, sino religión—, y solo cuando encuentran a esa persona, aun en ese caso la sociedad les recomienda esperar un año o dos después de haber escogido, y les aconseja estar con su pareja un par de años y esperar antes de casarse. Cuando te casas es porque estás comprometido con esa persona, y no tienes dudas. De modo que son dos años…

Si la luna de miel se alarga y al cabo de dos años el chico sigue estando con esa chica y la chica sigue estando con ese chico, y los dos quieren casarse, la sociedad les da su consentimiento.

No hay divorcios. Los misioneros, en cambio, están muy incómodos con esta gente «horrible», y les parecen horribles porque tienen libertad sexual. Los sacerdotes, que son unos reprimidos y unos obsesos sexuales, creen que es un pueblo inmoral. No son inmorales, sino amorales, de eso no hay duda, pero no son inmorales. No saben nada de la moralidad. Ellos son más científicos que nosotros porque abordan esta cuestión de una forma práctica y pragmática.

¿Cómo puedes adivinarlo? ¿Cómo puedes saber de antemano si vas a estar con una mujer toda tu vida? La sociedad no te deja experimentarlo, nunca has estado con otra mujer y si te enamoras de alguien, enseguida tienes que casarte. Luego, al cabo de un tiempo, ves a otra mujer por la calle que te atrae, y te quedas fascinado. ¿Qué puedes hacer ahora? Entonces empiezan los celos.

En esta comunidad aborigen de Bastar no hay ni un solo caso de aventuras extramatrimoniales. Cuando una persona se compromete con alguien, es para siempre. No existen los celos, ni tienen que vigilarse el uno al otro, no tienen celos del otro. Se han emparejado porque su corazón ha tenido una experiencia: ha encontrado a su mujer o a su marido. No saben leer, pero ¿acaso tienen necesidad de leer? Saben leer la naturaleza, saben hablar con los árboles, saben dialogar con el cielo. Conocen la auténtica lectura porque saben leer el libro de la vida y de la naturaleza. Es verdad que con eso no podrán ganar mucho dinero, no van a convertirse en Ford, ni en Andrew Carnegie, ni en

J. P. Morgan, jamás llegarán a ser tan ricos. Pero nadie tiene la necesidad de ser tan rico porque, para que alguien llegue a ser tan rico, significa que hay millones de personas pobres. Allí no hay ricos ni pobres. Tienen una hermosa celebración anual en la que se reparte todo lo que hayan acumulado, el primer día del año reparten sus cosas. De esa forma, nadie acumula nada. No puedes acumular nada si tienes que repartirlo. Tienes que repartir todo lo que tengas. Así, nadie se apega demasiado a las cosas, son personas muy poco posesivas.

Tienen todo lo necesario para disfrutar. Trabajan mucho, son personas sanas y la naturaleza les da más de lo que necesitan. Si no quieres hacerte rico, la naturaleza te da todo lo necesario para estar satisfecho. Si quieres hacerte rico, entonces no hay ninguna forma de que estés satisfecho, nunca serás feliz.

Alguien me hizo la siguiente pregunta: «Osho, dices que los niños deberían escuchar a los pájaros en vez de mirar a la pizarra. ¿Qué ocurrirá entonces?». Ocurrirán muchas cosas buenas, ocurrirán grandes cosas. Si cerrasen todas las universidades, institutos y colegios durante cien años, la gente volvería a vivir. Sí, sé que no podrás ganar tanto dinero, el dinero desaparecerá, pero estarás más vivo y eso es lo que necesitas. Con el dinero no puedes comprar la vida, con el dinero no puedes comprar el amor. Aunque tengas dinero de sobra. La persona que ha hecho esta pregunta también pregunta qué harán para ganarse la vida..., ¿acaso crees que hace cinco mil años, cuando no se estudiaba, la gente no podía ganarse el sustento? Claro que podían. Vivir nunca ha sido un problema, y además tenían otra cosa: tenían vida. Ahora vives pero no tienes vida, solo piensas en tener un mejor nivel de vida, pero no piensas en un tipo de vida mejor. Tienes cantidad, pero la calidad ha desaparecido.

La naturaleza es abundante, hay de sobra para satisfacernos. Pero, si nuestros deseos se convierten en una neurosis, la naturaleza, como es natural, no podrá satisfacer esos deseos. Si queremos satisfacer esos deseos neuróticos —de dinero, poder o prestigio—, entonces es inevitable que haya pobreza, hambre y guerra. La guerra, el hambre y la pobreza existen por culpa de las escuelas: las escuelas te enseñan a ser ambicioso, las escuelas le enseñan a la gente a tener envidia de los demás, a competir con los demás.

¿Qué te enseñan en el colegio? Un profesor, por ejemplo, le hace una pregunta a un niño y el niño no sabe la respuesta. Puede ser que no haya hecho los deberes en casa, puede ser que se quedara dormido por la tarde, puede ser que hubiera una película buena en la televisión, o mil cosas más que le pueden distraer, y todas son cosas bonitas, buenas. O a lo mejor había invitados en casa y quería estar con ellos. El niño no sabe la respuesta. Y esta ahí de pie como si fuera culpable, como si fuera un delincuente, como un condenado. No sabe la respuesta. Hay otro niño que levanta la mano dando saltos para responder a la pregunta. El profesor, por supuesto, se pone muy contento cuando el otro niño le contesta. ¿Qué es lo que ha hecho ese niño? Se ha aprovechado del sufrimiento del primer niño para demostrar que es mejor que él, se está aprovechando de la situación.

En una aldea aborigen esto no sucedería nunca, nadie intentaría aprovecharse de las circunstancias del otro. Los antropólogos, que no son capaces de entenderlo, han encontrado tribus que no perdonarían al segundo niño porque ha sido cruel, violento. En una sociedad primitiva, si el primer niño lo está pasando mal, los demás niños no contestan, se quedan callados. Es muy desagradable y muy violento que alguien se aproveche de la situación y responda, y disfrute mientras que el otro está sufriendo. ¿Y estas personas son las que consideramos atrasadas? No lo son, son la única esperanza que nos queda.

Una cosa más: esta persona me ha preguntado de qué va a vivir la gente si no saben matemáticas, geografía e historia. ¿Cómo pueden ganarse la vida? ¿Qué clase de sociedad será?

Efectivamente no habrá mucho dinero, quizá no tengan grandes palacios, ni aparatos o tecnología cara, pero habrá alegría. Y toda esa tecnología no vale lo que un solo momento de alegría. Habrá amor, baile, canciones, sentimientos, y la gente volverá a formar parte de la naturaleza. No estarán luchando y peleando con la naturaleza, no estarán destruyendo el mundo natural. No habrá problemas ecológicos. Si sigue habiendo colegios, la naturaleza morirá, y con ella moriremos todos.

Y otra cosa más: no estoy diciendo que todos los niños y niñas prefieran prestar atención al pájaro cantando en la ventana. No, habrá niños y niñas que prefieran la pizarra, que prefieran las matemáticas. Entonces ¡lo correcto es estudiar! No todo el mundo necesita estudiar, ese es mi punto de vista…, solo tendrían que estudiar los que lo sientan intrínsecamente. Hay personas que prefieren las matemáticas a la naturaleza. Hay personas que prefieren la literatura a los árboles. Hay personas que adoran la ingeniería, la tecnología, más que la música, o bailar, o cantar. Todas esas personas deberían estudiar. No todo el mundo es igual. Esas personas deberían recibir toda la formación que quieran, habría que apoyarlos.

No debería haber una educación universal, es un crimen porque significa obligar a estudiar a personas que no quieren hacerlo. No es democrático. La educación universal es dictatorial.

En un mundo realmente democrático, el niño o la niña que quiera estudiar podrá hacerlo. Pero el niño que quiera ser carpintero, aprenderá con los carpinteros, y el niño que quiera ser pescador, será pescador. La mujer que quiera cocinar, cocinará, y la mujer que quiera bailar, bailará, y la mujer que quiera ser científica, como Madame Curie, podrá hacerlo.

La gente debería hacer lo que le pida su naturaleza, no habría que imponerle nada. Esta educación universal está destrozando a la gente. Es como si —esto solo es un ejemplo— llegase un dictador al que le encanta bailar y obligase a todo el mundo a bailar. Eso sería horrible. Habría personas que no quieren bailar pero les estás obligando a hacerlo, ¡imagínate cómo sería ese baile! Si aparece un dictador que decide que todo el mundo tiene que ser poeta, y abre colegios e institutos para enseñar poesía, y todo el mundo tiene que escribir poesía, ¿qué clase de mundo sería? Sería un mundo horrible. A algunas personas les gustaría, como a Shakespeare, a Kalidas, a Milton o a Dante, pero ¿los demás? Los demás lo pasarían mal.

Y eso es lo que está ocurriendo. Es lo que estás haciendo cuando obligas a todo el mundo a aprender matemáticas. Es lo que estás haciendo cuando obligas a todo el mundo a estudiar geografía. No habría que obligar a nadie a hacer nada, habría que dejar que cada niño encontrara su camino. Si alguien quiere ser zapatero, está bien, no tiene por qué convertirse en presidente. Si le gusta su trabajo y está contento con lo que hace, si ha descubierto lo que quiere hacer, es maravilloso que sea zapatero. Sin necesidad de que haya una educación universal.

Los misioneros son personas muy peligrosas. Si no hubiera misioneros, el mundo sería mucho mejor. El mundo se ha convertido en un infierno por culpa de ellos.

«¿Cómo podemos ser felices?», me preguntas. Olvídate de la felicidad, no la puedes alcanzar directamente. En lugar de eso, piensa en lo que te gusta, en lo que más te gusta hacer, y entrégate a eso por completo. La felicidad llega sola. Si te gusta nadar, disfruta nadando, si te gusta cortar leña, corta leña. Haz lo que te guste y entrégate por completo a ello. Cuando te entregas, te das cuenta de que se crea una atmósfera, un ambiente soleado de felicidad, y, de repente, ves que te rodea por todas partes. Hay que hacer las cosas con entrega. La felicidad es una consecuencia, pero no es el fin. Cuando haces lo que quieres hacer, eres feliz.

«¿Por qué siempre genero sufrimiento a mi alrededor? Estoy empezando a darme cuenta de que escojo sistemáticamente el mismo círculo vicioso. ¿Acaso el hecho en sí de escoger implica sufrimiento?».

Sí, el propio hecho de escoger es el sufrimiento fundamental. Los demás sufrimientos surgen a partir de ahí. En el momento que escoges ya no estás completo porque has rechazado algo y escogido algo. Has tomado partido por algo, estás a favor de algo y en contra de algo. Ya no estás completo.

«Escojo la meditación», dices, «y ya no me volveré a enfadar», entonces es inevitable que sufras. No habrá meditación, solo habrá sufrimiento. Ahora estarás sufriendo en nombre de la meditación..., y puedes darle nombres maravillosos a tu sufrimiento.

El hecho mismo de escoger es sufrir. Ser dichoso es no tener preferencias. ¡Date cuenta! Investiga y comprueba con toda la profundidad que puedas que el hecho mismo de escoger es sufrir. Aunque escojas la dicha, estarás generando sufrimiento. No escojas nada y verás lo que ocurre.

Pero es muy difícil no escoger. Siempre hemos estado escogiendo algo, llevamos toda la vida siendo personas que escogen. Hemos creído que tenemos que escoger, porque, si no, ¿quién lo hará por nosotros? Si no decidimos nosotros, ¿quién lo hará? Si no luchamos nosotros, ¿quién lo hará? Nos hemos creído un concepto muy tonto: creemos que la creación está contra nosotros y que tenemos que luchar y estar constantemente a la defensiva con la existencia.

La existencia no está contra ti. Tú solo eres una onda en este océano, no estás separado de la existencia. ¿Cómo va a estar contra ti la existencia? Formas parte de ella. La existencia te ha dado la vida, ¿cómo va a estar una madre contra su hijo? Esto es lo que yo denomino conciencia religiosa. Entender esta cuestión es volverse religioso. Entonces no tendrás que ser hinduista, ni católico, ni musulmán, pero serás religioso. De hecho, si eres hinduista, o católico o musulmán, no podrás ser religioso porque no has entendido en absoluto la profundidad de la conciencia religiosa.

¿Qué es la conciencia religiosa? La creación es nuestro hogar, pertenecemos a ella y ella nos pertenece. De modo que no tenemos que preocuparnos porque no tenemos que luchar por un fin personal o por una meta individual. Podemos relajarnos y disfrutar del sol, del viento, de la lluvia. Podemos relajarnos. El Sol forma parte de nosotros, como nosotros formamos parte del Sol, y los árboles forman parte de nosotros, como nosotros formamos parte de los árboles. Tienes que darte cuenta de que toda la creación es interdependiente. Se trata de un entramado enormemente complejo, donde todo está vinculado a todo lo demás. Nada está separado. ¿Qué sentido tiene escoger? Vive lo que eres con toda tu totalidad.

El problema surge porque dentro de ti hay dos polos opuestos, y la mente lógica se pregunta: «¿Cómo puedes ser ambas cosas?». Una persona me hizo la siguiente pregunta: «Cuándo estoy enamorado, esto interfiere en mi meditación. Cuando medito, empieza a dejar de interesarme el amor. ¿Qué debo hacer? ¿Qué debo escoger?». La idea de que hay que escoger surge porque hay polaridades. Sí, es cierto: si te adentras en el amor, tenderás a olvidarte de la meditación, y si te adentras en la meditación, perderás el interés por el amor. Pero, aun así, no tienes que escoger nada. Si te apetece ir hacia el amor, ve hacia el amor, no escojas. Si te apetezca ir hacia la meditación, ve hacia la meditación, no escojas. No hace falta escoger.

Nunca deseas las dos cosas al mismo tiempo. Esto es muy importante y debemos entenderlo: nunca surge el deseo por las dos cosas al mismo tiempo. Es imposible porque el amor significa que quieres estar con alguien, el amor se enfoca en el otro. La meditación significa olvidarse del otro y enfocarse en uno mismo, por eso estos dos deseos no pueden surgir a la vez.

Cuando quieres estar con alguien significa que te has cansado de ti, y cuando quieres estar contigo mismo significa que te has cansado del otro. Es un ritmo maravilloso. Estar con el otro genera un profundo deseo de querer estar solo. Pregúntaselo a las parejas..., todas las personas tienen el deseo de estar solas en algún momento. Pero les da miedo porque creen que eso va en contra del amor, y no saben qué opinará el otro, que opinará el hombre o la mujer. El otro se podría ofender. De modo que fingen, y aunque les apetezca estar solos, aunque quieran estar tranquilos, aunque quieran tener su propio espacio, fingen y siguen estando juntos. Es una postura falsa que destruye el amor y convierte tu relación en un engaño.

Cuando sientas la necesidad de estar solo, dile a la otra persona con todo el respeto y el amor: «Tengo un profundo deseo de estar solo y necesito hacerlo, no tengo elección. Por favor, no te ofendas. No tiene nada que ver contigo, simplemente es mi propio ritmo interno». Esto también le permitirá al otro ser auténtico y sincero contigo. Poco a poco, si realmente quieres a alguien, los dos ritmos se convierten en uno, y ese es el milagro, la magia del amor. Cuando realmente hay amor entre dos personas, es inevitable llegar a este resultado, a esta conclusión. Se dan cuenta de que el deseo de estar juntos o separados surge simultáneamente en los dos. Esto se convertirá en un ritmo, unas veces se acercarán, estarán juntos y se disolverán en el otro, olvidándose de sí mismos, y otras veces, se separarán el uno del otro, se alejarán, se apartarán cada uno a su espacio, para ser ellos mismos y volverse meditadores.

Entre la meditación y el amor no hay una elección, hay que vivir las dos cosas. Deberás satisfacer el anhelo que surja en cada momento, el anhelo que sea más fuerte e ir en esa dirección.

Tú preguntas: «¿Por qué siempre genero sufrimiento a mi alrededor?». Seguramente porque eso te compensa de alguna forma. Te debe proporcionar alguna ventaja; de lo contrario, ¿por qué quieres generar sufrimiento? A veces el sufrimiento te reporta grandes ventajas, pero no te das cuenta de esas ventajas, no eres consciente de ellas, y por eso piensas: «¿Por qué siempre genero sufrimiento?». No te das cuenta de que tu sufrimiento te está aportando algo que buscas.

Cuando sufres, por ejemplo, la gente te compadece. Cuando estás sufriendo, tu mujer te pone la mano en la cabeza, te da masajes y está muy cariñosa, no te riñe, no te molesta, no te pide nada. Sufrir tiene muchas ventajas. A lo mejor estás temiendo que tu mujer te pida un coche nuevo..., acaba de empezar el año y han salido coches nuevos a la venta. En este caso, sufrir tiene un sentido económico. Llegas a casa con dolor de barriga y dolor de cabeza, y con la cara larga, entonces tu mujer no se atreve a pedirte un coche nuevo porque te encuentras mal.

Observa lo que ocurre a tu alrededor. A los niños siempre les duele la barriga por la mañana cuando llega el autobús del colegio y se tienen que ir. ¡Y tú lo sabes! Tú sabes por qué le duele la barriga a tu hijo. A ti te pasa lo mismo, no es muy distinto, es lo mismo solo que un poco más sofisticado, más astuto, con más justificaciones, pero sigue siendo lo mismo.

Cuando la gente empieza a fracasar en su vida, tienen infartos, les sube la tensión y ese tipo de cosas. Solo son justificaciones, ¿qué puedes hacer? ¿No te has dado cuenta? Los infartos y la tensión alta suelen darse hacia los cuarenta y dos años. ¿Por qué a esa edad? De repente, una persona sana tiene un infarto. Hacia los cuarenta y dos años la vida llega a la conclusión de si has fracasado o has triunfado, porque a partir de esa edad ya no te quedan demasiadas esperanzas. Si has conseguido ganar dinero, habrás triunfado, cuando llegues a los cuarenta y dos años habrás triunfado, porque el momento de más energía y fuerza ya ha pasado. El pico es a los treinta y cinco años. Puedes sumarle otros siete años, de hecho, hace siete años que has entrado en declive. Has hecho todo lo que has podido, pero cuando llegas a los cuarenta y dos años, de repente, te das cuenta de que has fracasado.

Necesitas justificarlo, por eso te da inmediatamente un infarto. Es un gran favor que te hace la existencia, es una bendición. Te permite quedarte en la cama y decir: «¿Qué le voy a hacer? El infarto lo ha trastocado todo. Ahora que me iba todo tan bien, ahora que iba a triunfar, ahora que iba a ser famoso o a tener dinero, resulta que me da un infarto». El infarto es una buena excusa y nadie te puede acusar ni decirte que no te hayas esforzado lo suficiente o que no hayas tenido la inteligencia suficiente. Nadie te puede decir nada. Todos te compadecen, te cuidan y te dicen: «¿Qué le vas a hacer? Ha sido el destino».

Escoges el sufrimiento una y otra vez porque te ofrece algo. Tienes que observar qué es lo que te está ofreciendo y solo así podrás dejarlo. De lo contrario, no lo lograrás. Si no estás dispuesto a renunciar a las ventajas, no podrás renunciar al sufrimiento.

El director del nuevo Centro de Detención de Lujo estaba enseñándole a un reportero la nueva cárcel modelo.

—Esto es lo último en cárceles, joven —dijo el director—. Si tiene éxito, las demás cárceles se construirán basándose en este modelo.

—He visto que tienen unas instalaciones fantásticas, con pistas de tenis y piscina —comentó el reportero.

—Y las celdas están enmoquetadas de punta a punta —añadió el encargado—. Aunque ya no las llamamos celdas, las llamamos unidades.

—Compruebo también que en cada unidad hay un televisor en color.

—Y eso no es todo. Tenemos un auditorio enorme donde cada semana se ofrece un espectáculo con artistas célebres.

—Me gusta mucho la cantina con esas pinturas panorámicas en las paredes.

—Querrás decir el salón comedor. Los presos pueden comer a la carta y la cocina del chef es exquisita.

—Lo que más sorprende —señaló el reportero— es que no haya barrotes ni rejas, y casi no hay vigilantes.

—Eso es porque nadie se quiere escapar —respondió el director con una sonrisa.

—¿Y qué tengo que hacer para que me admitan en este resort? —preguntó el reportero.

Las cárceles que construyen son tan bonitas, ¿quién va a querer escaparse? Si no sales de tu cárcel es por algo, fíjate bien, porque debe de haber algo —tendrá moqueta de punta a punta, televisor en color, aire acondicionado, bellas pinturas, no habrá barrotes en las ventanas ni nadie vigilándote— que te produce una sensación de libertad absoluta. ¿Qué necesidad tienes de escaparte? El reportero tiene razón cuando pregunta: «¿Qué tengo que hacer para que me admitan en este resort?». La pregunta no es cómo salir, sino cómo hacer para que te admitan.

Observa tu sufrimiento de nuevo, no lo juzgues desde el principio. Si lo juzgas desde el principio no podrás analizarlo, no podrás observarlo. De hecho, no deberías llamarlo sufrimiento porque las palabras que usamos tienen connotaciones. Si lo llamas sufrimiento, lo estás juzgando, y cuando juzgas algo, te cierras, dejas de mirarlo. No lo llames sufrimiento. Llámalo xyz, es muy distinto. Sea lo que sea, llámalo x, sé un poco más matemático y llámalo x, y luego analízalo para saber qué es, qué ventajas tiene y cuáles son tus razones principales para seguir creándolo o aferrándote a ello. Te sorprenderás porque lo que llamas sufrimiento tiene muchas cosas que te encantan.

No podrás cambiar nada mientras no veas y no reconozcas todas esas cosas que te gustaría tener. Entonces solo hay dos posibilidades. La primera consiste en dejar de pensar en salir del sufrimiento. Esta es una de las posibilidades porque tiene tantas ventajas que lo aceptas. Y aceptar el sufrimiento es una transformación. La segunda posibilidad consiste en darte cuenta de que tú mismo has creado tu sufrimiento con tus propios deseos inconscientes, y esos deseos inconscientes son estúpidos; cuando te des cuenta de que es una estupidez, ya no le darás tu apoyo. Desaparecerá automáticamente. Estas son las dos posibilidades: o desaparece tu apoyo y tu sufrimiento se desvanece, o lo aceptas simplemente porque te gustan todas las cosas que conlleva, y en esa bienvenida, también desaparece el sufrimiento.

Son las dos caras de la misma moneda. Pero tiene que haber un entendimiento, tienes que entender tu sufrimiento completamente, y entonces te transformarás. O renuncias a todo porque lo has entendido, o lo aceptas todo. Estos son los dos caminos que hay para que se produzca una transformación, uno es negativo y el otro es positivo.

Barney fue a ver a su primo Delbert que vivía en Taxonia, un pueblecito del centro de Estados Unidos.

—Odio este pueblo —confesó Delbert—. Lo odio con toda mi alma.

—¿Por qué? —le preguntó Barney.

—Por los impuestos. Aquí tenemos que pagar más impuestos que en ninguna otra parte —se quejó Delbert—. Y odio los impuestos.

—Para que haya un gobierno tiene que haber impuestos —argumentó Barney.

—Aquí hay demasiados impuestos. ¿No has visto que la mayor parte de los edificios solo tienen una planta? Eso es porque hay que pagar un impuesto para construir más de una planta.

—Eso no está tan mal —contestó Barney.

—Es más, ¿has visto alguna casa que tenga jardín en la parte delantera?

—La verdad es que no.

—Eso es porque tienes que pagar un impuesto para poder tener un jardín.

—¿Y qué es ese prado que hay al final de la manzana?

—Es el cementerio del pueblo, donde llevan a la gente a la que han matado a fuerza de impuestos.

—Si odias tanto este pueblo, ¿por qué no te vas?

—Porque no quiero pagar el impuesto de traslado y transporte.

Analiza tu sufrimiento: o bien crees que vale la pena quedártelo —y en este caso acéptalo y hazlo con totalidad—, o no crees que valga la pena en absoluto. Cuando te des cuenta de cualquiera de estas dos cosas, tu sufrimiento desaparecerá.

«En el aspecto terrenal soy feliz en todos los sentidos, pero aun así no soy feliz y tampoco consigo saber cuál es la causa de mi infelicidad. Por favor, ayúdame».

Solo alguien que es muy feliz en el aspecto terrenal puede descubrir, por primera vez, que esa felicidad no es real. Una persona infeliz no puede saberlo. Una persona infeliz sigue teniendo la esperanza de que, si encontrara la felicidad terrenal, todo iría bien. En el interior de una persona infeliz esa esperanza sigue muy viva. A los ojos de un hombre infeliz siempre hay una llama de esperanza. La llama de esperanza solo desaparece a los ojos de las personas supuestamente felices. Por eso siempre digo que solo una persona feliz —feliz en el sentido terrenal— puede iniciar la búsqueda religiosa.

Después de tener todo lo que supuestamente te da la felicidad y no ser feliz, entonces está claro que no puede haber felicidad en este mundo. Tienes todo lo que puedas desear en el mundo exterior. Ahora te encuentras en una situación en la que se han roto todas tus ilusiones, todos los espejismos de tus sueños se han hecho añicos, has levantado el velo y te has dado cuenta de que detrás no hay nada ni nadie, solo hay vacío. Es normal que estés muy preocupado.

Cuando alguien tiene todo lo necesario en el aspecto terrenal, se encontrará con un dilema: «¿Qué está pasando? Ya no hay nada que desee tener. Lo tengo todo —dinero, estatus, respeto, familia— y debería sentirme muy feliz porque es justamente todo lo que quería. Antes era infeliz porque no lo tenía, ¿por qué soy infeliz ahora? Ahora no tendría que ser infeliz».

Se han roto tus ilusiones. Lo que considerabas el motivo de tu infelicidad no era el verdadero motivo. Pensabas que serías feliz cuando tuvieras todas esas cosas. Pero ahora que las tienes y sigues sin ser feliz, te das cuenta de que tu análisis de la felicidad era erróneo. Para ser feliz necesitas algo más. Para ser feliz se tiene que despertar algo en tu interior.

La felicidad no llega satisfaciendo las condiciones externas. La felicidad es un reflejo del despertar en sí. La felicidad solo se alcanza cuando te encuentras con lo divino, y lo divino está escondido en tu interior. Pero siempre estás corriendo hacia fuera, dándole la espalda. Incluso cuando estás buscando lo divino, sigues yendo afuera, a Kashi, a la Kaaba, a Kailash. Buscas lo divino en los templos, en las mezquitas, en las gurudwaras... ¿Cuándo vas a cerrar los ojos? ¿Cuándo vas a mirar en tu interior? ¿Cuándo vas a buscar dentro del buscador mismo?

Entra en contacto con la conciencia que hay en tu interior. Extiende tus raíces un poco hacia ella. Familiarízate con ella. La felicidad nace de ese mismo encuentro.

En el mundo no hay felicidad ni puede haberla. Nunca la ha habido ni la habrá. La felicidad solo puede ocurrir cuando se produce el encuentro con tu maestro interno oculto.

Familiarízate con lo divino, entabla una relación, una relación amorosa, únete a lo divino a través del hilo del amor..., basta un delicado hilo de amor para colmarte infinitamente de felicidad. Lo que no puedes alcanzar poseyendo todo lo que hay en el mundo, lo puedes alcanzar en un momento de iluminación.

La riqueza está en tu interior. Has nacido con esa riqueza. La felicidad es tu propia naturaleza. La felicidad no es algo que tengas que alcanzar, y tampoco tienes que cumplir alguna condición. La felicidad es incondicional porque es la naturaleza misma de tu ser. Ser infeliz no es natural, tu estado natural es la felicidad.

Al igual que la naturaleza del fuego es estar caliente, la naturaleza del hombre es ser dichoso. Cuando veas a una persona dichosa, no creas que le ha ocurrido algo especial. Una persona dichosa es una persona normal, corriente, sencilla. Pero cuando ves a una persona infeliz, sabes que le ha ocurrido algo y que se trata de un estado especial. Una persona infeliz no es una persona corriente, porque ha conseguido demostrar lo que no debería ocurrir. Una persona feliz solo está manifestando lo que debería ser; es como el arrullo o el canto del cuco, que no puede decirse que sea especial. Si un día el cuco empezase a graznar como un cuervo, evidentemente dirías que ha ocurrido algo.

La felicidad del ser humano es un hecho absolutamente natural. Del mismo modo que los árboles son verdes, las flores tienen un aroma y los pájaros despliegan sus alas y vuelan por el cielo, la felicidad forma parte intrínseca de la naturaleza humana. Hemos llamado a esta naturaleza intrínseca *sat-chit-anand*: verdad-conciencia-dicha. Tiene tres características: verdad, conciencia y dicha. Verdad significa lo que es y nunca será destruido, lo que es eterno. Conciencia significa atención, despertar, meditación, iluminación. Y la dicha es la culminación, es el aroma de la dicha que desprende una persona que está absorta en la meditación.

Primero tienes que ser verdad para poder convertirte en conciencia, y el día que te conviertas en conciencia, será el día que surja el aroma de la dicha. El árbol de la verdad da flores de conciencia que desprenden el aroma de la dicha.

La felicidad no tiene nada que ver con tener o no tener algo. La felicidad tiene que ver con lo que eres. Cuando tienes muchas cosas, es posible que aumenten tus preocupaciones y tus temores, pero tu felicidad no va a aumentar. No hay duda de que tus posesiones aumentarán tu infelicidad, pero no tienen relación alguna con el aumento de tu felicidad.

No estoy diciendo que debas renunciar a las cosas ni que debas huir de tu casa y renunciar a la vida terrenal. No, no me malentiendas. Las cosas están bien como son. Tanto si renuncias a todas esas cosas y huyes de ellas, como si te aferras a ellas, no va a cambiar nada. Quédate donde estés, pero inicia una búsqueda en tu interior. Ya has buscado mucho en el exterior y ahora debes ir hacia dentro. Conoce al que está en tu interior, y cuando lo conozcas encontrarás lo que estabas buscando. De golpe, serán satisfechos todos tus deseos.

«Muy a menudo llego a un punto de mi vida donde esta deja de tener sentido, valor o significado. Todo lo que empiezo a hacer me lleva a este punto. Todos los ríos y mares que conozco son ríos y mares de ilusiones, sueños y fantasías, pero no tienen nada que ver con el Tao. Por favor, ¿me podrías ayudar a comprender estos círculos ilusorios?».

Una vida vivida inconscientemente no puede tener sentido. De hecho, la vida misma no tiene sentido. El sentido surge cuando en tu interior nace la conciencia, entonces, la vida refleja esa conciencia, la vida se convierte en un espejo, la vida te devuelve tu canción, tu celebración, tu música interna, como si fuese un eco. Cuando escuchas esos ecos todo empieza a tener significado, sentido, valor.

Si vives una vida de inconsciencia, aunque cambies constantemente de trabajo, eso no te servirá para nada. Es posible que los primeros días te encuentres bien porque es un trabajo nuevo y estás entusiasmado. Volverás a proyectar todas tus ilusiones y a tener esperanzas: «Esta vez va a funcionar. Puede ser que hasta ahora no haya funcionado, pero esta vez va a funcionar». Sin embargo, volverás a frustrarte una vez más. Todas tus expectativas se convierten en frustración.

Una persona consciente vive sin expectativas y de ese modo nunca está frustrada. Tarde o temprano, cuando se acabe la luna de miel, te sentirás frustrado. ¿Cuánto puede durar la luna de miel? La frustración va aumentando porque tus fracasos se van acumulando y se convierten en una montaña. Has fracasado tantas veces que el miedo siempre te acecha en algún lugar. Tienes miedo, incluso durante la luna de miel, de que, en el fondo, no vaya a ser distinto. Sigues esperando aunque sepas que no hay esperanzas. Para vivir hay que tener esperanzas; de lo contrario, te tendrías que suicidar.

Por eso la gente cambia de trabajo, cambia de hobbies, cambia de mujer, cambia de marido, o cambia incluso de religión. Cambian todo lo que se pueda cambiar con la esperanza de que algún día ocurra algo. Pero no va a ocurrir nada a menos que cambies *tú*. No se trata de cambiar algo del exterior, ¡tú sigues siendo el mismo!

Me hablaron de un hombre que se había casado ocho veces y estaba sorprendido porque, todas las veces, después de cuatro, cinco o seis meses, se daba cuenta de que la mujer con la que estaba, aunque tuviera un cuerpo diferente, era exactamente igual que la anterior, era el mismo tipo de mujer. No entendía lo que estaba pasando. Volvía a cambiar, buscaba una mujer con una nariz diferente, que tuviera otro color, con otro peinado, quizá de una raza distinta, de un país distinto, y finalmente se dio cuenta de que, aunque las capas externas fueran distintas, la estructura mental de la mujer por dentro seguía siendo la misma.

Si no eres consciente de por qué haces las cosas, de por qué escoges a alguien, un cierto trabajo, una cierta mujer, un cierto hombre, seguirás estando frustrado. Te estarás perdiendo el sentido de la vida una y otra vez.

La vida es un lienzo vacío, y para que tenga sentido tienes que pintarlo. Lo que tú pintes es lo que le dará sentido.

Lo primero que quiero decirte es que, en vez de cambiar de cosas —cualquier dirección exterior o dimensión—, cambies tu conciencia. Tiene que haber un cambio interno, solo un cambio interno puede cambiar algo. De lo contrario, todos los cambios serán falsos, fingidos, y aunque creas que ha cambiado algo, no ha cambiado nada. Vuélvete consciente.

Tú dices: «Todos los ríos y mares que conozco son ríos y mares de ilusiones, sueños y fantasías, pero no tienen nada que ver con el Tao».

No, tú no lo sabes. Eso es algo que has oído y probablemente te lo hayas creído. Todos los días estoy repitiendo que vives en un mundo de ilusiones. Después de haberme oído repetirlo tantas veces has acabado por creerme, pero eso no sirve. No eres tú el que se ha dado cuenta de que vives en un mundo de ilusiones, sueños y fantasías. Si te hubieras dado cuenta, el cambio sería inmediato y no harías esta pregunta.

Saber que lo falso es falso significa saber lo que es verdadero. Son las dos caras de la misma moneda, no son dos cosas distintas. Si sabes que lo falso es falso, al mismo tiempo sabes que lo verdadero es verdadero. Es una experiencia simultánea. Si puedes reconocer lo falso es porque debes de haber reconocido lo verdadero; de lo contrario, ¿cómo vas a reconocer lo falso?

Una persona que está soñando no puede saber que se trata de un sueño. Si en su sueño dice que es un sueño, entonces solo es un sueño dentro de un sueño, nada más. Puedes soñar que estás soñando, pero si realmente sabes que es un sueño, el sueño se desvanecerá inmediatamente, se evaporará. No habría surgido esta pregunta. Esta pregunta surge porque te estás aferrando a tus expectativas. De acuerdo, estás dispuesto a admitir que tus expectativas del pasado eran falsas, pero ¿son falsas las expectativas que te rodean ahora mismo, las que te atraen ahora mismo?

—¡Anoche me ocurrió una cosa espantosa! —le dijo Mario a su amigo.

—¿No era tu cumpleaños?

—¡Sí! Cuando llegué a la oficina ayer por la mañana, ¡mi secretaria me invitó a ir a su casa!

—¿Y eso te parece espantoso? ¡Es una mujer muy guapa!

—Déjame terminar. A las siete de la tarde estaba en la puerta de su casa con un ramo de rosas. Abrió la puerta, llevaba un vestido precioso, muy escotado...

—¿Y entonces? ¿Qué pasó? —le preguntó su amigo con impaciencia.

—Bueno, me ofreció un martini, puso una música suave y luego me susurró: «Tengo una sorpresa para ti. ¡Ven a mi habitación en diez minutos!».

—¿Y qué hiciste?

—Al cabo de diez minutos fui a su habitación..., ¡y me encontré a todos mis compañeros de trabajo cantando «Cumpleaños feliz»!

—¡Bueno, no me parece tan espantoso!

—¿En serio? Me habría gustado verte en mi lugar..., ¡porque estaba desnudo!

La gente vive de acuerdo con sus expectativas, con sus ilusiones. Cuando se rompe una ilusión, inmediatamente empiezan a vivir con otra ilusión. Realmente, nunca se dan cuenta de que todas las proyecciones de la mente son ilusorias. Tu mente solo puede crear ilusiones. Tu Dios es una ilusión, tu meditación es una ilusión, tu yoga es una ilusión, tu Tao es una ilusión, porque son proyecciones de la mente. Es como el horizonte, que nos parece que está muy cerca y creemos que se puede alcanzar en una hora, sin embargo, nunca llegamos. Aparentemente está ahí, pero no existe. Si sales a buscarlo, puedes pasarte toda la eternidad corriendo, pero nunca llegarás.

Un árabe se encontró con un hombre en traje de baño que iba caminando por el desierto del Sahara.

—¿Cuánto queda hasta el mar? — preguntó el hombre en traje de baño.

—Unos quinientos kilómetros hacia el norte —respondió el árabe.

—¡No fastidies! ¡Me tendré que quedar en la playa!

Si sigues viviendo en la mente, tendrás que quedarte en la playa, nunca llegarás al mar. Ni siquiera está a quinientos kilómetros porque no existe, es un espejismo.

No repitas clichés, intenta entender de qué se trata. No creas, intenta entender. Deja de proyectar tus fantasías, sueños y expectativas en la vida. Olvídate completamente de todo eso. Solo hay que hacer un único esfuerzo, que es estar despierto. Cuando estás despierto, todo es distinto, completamente distinto. Y hace falta encontrar algo especial, encontrar un sentido, porque entonces todas las cosas pequeñas de la vida cobran un sentido, cobran mucha importancia. Cada guijarro de la orilla se convierte en un diamante. Y dentro de cada piedra hay un sermón y en cada roca hay una canción, y hay escrituras en todas partes, porque el mundo rebosa divinidad.

Estás buscando un significado por el simple hecho de que no estás viendo lo que realmente es, ni puedes ver lo que realmente es porque estás profundamente dormido. ¡Despierta! Sal de tu tumba. Tu tumba es la inconsciencia. Cuando lo hagas sabrás lo que es la vida, lo bonita y dichosa que es, la inmensa bendición y regalo que es.

«No tengo interés por nada. Me parece que nada tiene sentido. Nada me seduce, ni me motiva, ni me interesa. No siento pasión ni entusiasmo por las cosas. Siempre me he sentido así a lo largo de toda mi vida. ¿Por qué tengo que hacer esto o aquello si, de cualquier forma, nada me llena? Siempre procuro estar alegre y finjo sentir, estar emocionado, interesado y vivo. Siempre procuro ser valiente y trato de ignorar algunos de mis miedos. Pero ¿para qué? Estoy cansado y siento que "no soy yo", o incluso ni tan siquiera siento eso. Osho, ¿dónde estoy?».

Dices: «No tengo interés por nada. Me parece que nada tiene sentido». ¿Acaso tiene que tener sentido? ¿Por qué esperas que tenga sentido? El problema es tener expectativas. Las cosas no tienen sentido. En realidad, como no tienen sentido, puede haber alegría. Como no tienen sentido, puedes jugar. Como no tienen sentido, puedes bailar.

Escucha a los pájaros, ¿crees que su canto tiene algún sentido? No tiene ningún sentido. ¿Por qué debería tenerlo? Mira los árboles, y las flores, y las estrellas, ¿tienen algún sentido? ¿Por qué deberían tenerlo?

Una vez Picasso estaba pintando y recibió la visita de un amigo. Estuvo observándolo durante un rato, y luego dijo:

—No le encuentro sentido a ese cuadro.

Picasso se lo llevó al jardín, le enseñó un rosal lleno de flores, y le preguntó:

—¿Le encuentras sentido a estas flores? Si las rosas no tienen ninguna obligación de tener un sentido, ¿por qué deberían tenerlo mis cuadros? Yo disfruto pintándolos. Si alguien disfruta viéndolos, mejor, y si nadie disfruta viéndolos, ese es su problema. Pero yo simplemente he disfrutado pintándolo, salpicando el color, ¡lo he disfrutado!

El canto lejano de un cuco, ¿ves la belleza que tiene? Pero nunca te preguntas por el sentido, por lo que está diciendo. No está diciendo nada. Solo es una algarabía, está disfrutando, es una explosión de alegría. Cuando los niños corren emocionados de un sitio a otro, ¿crees que tiene algún sentido? ¿Crees que han encontrado un tesoro? ¿Crees que han encontrado diamantes? Nada de valor, quizá algunas piedras de colores o una mariposa muerta, o quizá estén recogiendo hojas secas o caracolillos en el mar, pero están tan llenos de dicha...

La dicha no tiene que estar basada en el sentido. De hecho, la idea misma de sentido destruye la dicha. En cuanto le empiezas a buscar el sentido a las cosas te vuelves calculador, te conviertes en una mente. Pierdes tu ser. Luego tendrás un grave problema porque tendrás que preguntar por todo.

Por ejemplo: «¿Por qué ha creado Dios el mundo? ¿Qué sentido tiene?». Te podría responder cualquier tonto, porque siempre ha habido teólogos muy tontos dando toda clase de respuestas, ya que, siempre que hay una demanda, hay una oferta. Cuando un tonto pregunta, siempre surge un «tontósofo» que contesta. Pero cualquier significado que te pueda dar: «Dios ha creado el mundo porque...». Los hinduistas dicen que lo ha creado porque se sentía solo. Eso podría tener sentido. Lo puedes entender, cuando te sientes solo te pones a hacer algo, como leer el periódico por tercera vez, o arreglar la radio que funciona perfectamente. Tienes que hacer algo; de lo contrario, empiezas a pensar que no tienes sentido. De modo que Dios pensaba que no tenía sentido, se sentía solo, y empezó a crear el mundo. Pero la pregunta es: ¿y por qué solo empezó a crear el mundo a partir de un cierto momento? ¿Qué estaba haciendo hasta entonces?

Los católicos dicen que creó el mundo exactamente cuatro mil cuatro años antes de Jesucristo. Y, por supuesto, debió de empezar un lunes, ¡porque la semana empieza el lunes! Pero la cuestión es que si lo creó cuatro mil cuatro años antes de Jesucristo —y de eso solo hace seis mil años—, ¿qué estuvo haciendo el resto de la eternidad? ¿Vegetar? Si ha podido aguantar toda la eternidad, también podría haber aguantado seis mil años más, porque seis mil años no es nada comparado con la eternidad. Ni siquiera son seis momentos.

Y ya que tuvo que crear el mundo, ¿por qué ha tenido que ser este mundo? Es posible que se sintiera solo, pero ¿eso es motivo suficiente para hacer sufrir a tanta gente? Déjalo sentirse solo, o si le parece, también se puede suicidar. ¿Por qué obligar a sufrir a tanta gente? ¿Cómo se siente ahora? ¿Fenomenal? No le hemos vuelto a ver desde entonces. Dicen que después de crear a la mujer se escapó y renunció al mundo. Se habrá asustado. Fue su última creación. Primero creó al hombre y luego a la mujer, y desde entonces no hemos vuelto a saber nada de él. ¡A lo mejor está haciendo penitencia para purgar el pecado que ha cometido! Debe de estar martirizándose, ayunando, haciendo el pino y otras posturas de yoga para intentar limpiar el karma que ha provocado al crear el mundo. Y ¿no podría «descrearlo»? ¿No podría decir: «¡Zas! ¡Se acabó!»? Igual que dijo al principio «que se haga la luz», y se hizo la luz. ¿No podría decir ahora «que se haga la oscuridad», y haya oscuridad? ¿Se ha quedado mudo? Debía de ser tonto desde el primer momento, si no, ¿cómo es posible que haya creado este mundo? Un mundo tan triste y tan lleno de sufrimiento, donde todo el mundo está intentando librarse del sufrimiento.

Incluso la misma persona que hace la pregunta dice que no hay pasión ni entusiasmo. ¿Qué clase de mundo ha creado Dios? No hay pasión ni entusiasmo..., tendría que haber aprendido algo de Zorba el Griego, un poco de entusiasmo, un poco de pasión. Tendría que haber aprendido a reírse antes de crear el mundo. Lo ha hecho todo tan serio... Ese es el único problema de Dios: que es muy serio.

Tú dices: «No tengo interés en nada». Yo tampoco, pero no creo que sea un problema, yo lo disfruto. De hecho, desde que he dejado de tener interés en algo siento una gran alegría. Ahora cada momento es un chiste. Ahora todo es tan ridículo que puedo hacer chistes de Dios sin que me dé miedo, porque no pasa nada. Hay algo que tengo claro, y es que como me lo encuentre le voy a dar con un palo en la cabeza: «Hijo de puta, ¿por qué has creado el mundo? Y sobre todo, ¿por qué has creado a este hombre que ha hecho la pregunta? No hay entusiasmo, no hay pasión, no hay nada que le seduzca».

A mí tampoco me seduce nada. A él no le motiva nada y a mí tampoco. A él no le interesa nada, ¡eso es porque ya está a punto de iluminarse! Así es como se ilumina uno. Cuando no te queda nada más que hacer. Entonces, piensas: «Ahora me voy a iluminar. No tengo entusiasmo, ni pasión, ni emoción, ni motivación, ni interés. ¿Por qué no iluminarme ahora?». Eso es lo que me ocurrió a mí. Un día me di cuenta de que no quedaba nada más, y dije: «Ahora es un buen momento. Ya he acabado, lo he hecho todo, así que me puedo iluminar tranquilamente». Y desde entonces sigo iluminado porque no hay nada que me haya hecho cambiar de idea.

La vida no tiene sentido y por eso puedes disfrutarla. Si empiezas a buscarle un sentido a todo, te meterás en un lío. Entonces, cuando vayas a darle un beso a tu mujer, empezarás a preguntarte: «¿Qué sentido tiene el beso?». No tiene ningún sentido. Hay muchos aborígenes que nunca se han besado, pero se frotan la nariz. Te puede parecer una tontería, sin embargo, a ellos les parece una tontería besarse. A mí me parece que son más higiénicos, creo que es más higiénico frotarse la nariz. Besarse en los labios es bastante peligroso. ¡Y, por supuesto, evita el beso francés! Explorar la boca del otro con la lengua…, eso no tiene absolutamente ningún sentido. No vas a encontrar nada, ¡créeme! Es totalmente innecesario. Y además puedes contagiarte de varias enfermedades porque solo es un intercambio de gérmenes, de millones de gérmenes. He oído que se intercambian un millón de gérmenes con cada beso. Si la gente ha podido vivir sin besarse desde hace siglos, ¿por qué no vas a poder tú? Si tuviera algún sentido, ya lo habrían descubierto. Te has pasado toda la vida sin tener que frotarte la nariz…, si tuviera algún sentido, ya lo habrías descubierto.

De hecho, no tiene ningún sentido. El sentido solo es un deseo mental. ¿Qué sentido tiene cualquier cosa? Si empiezas a hacerte estas preguntas, evidentemente perderás toda la pasión y el entusiasmo. Cuando te levantes por la mañana, pregúntate: «¿Por qué tengo que levantarme? ¿Qué sentido tiene todo esto? Llevo levantándome todos los días desde hace treinta, cuarenta, sesenta años…, ¿y qué sentido tiene?». Te levantas todos los días y no ocurre nada, y luego te vuelves a acostar. Ya que tienes que volver a acostarte, ¿no sería mejor quedarse directamente en la cama? Así es como te quedas sin pasión y sin entusiasmo.

Si cada vez que haces algo te preguntas: «¿Por qué debo hacerlo? ¿Qué sentido tiene?». Hazlo durante veinticuatro horas y obviamente lo último que te quedará por hacer es suicidarte. Pero entonces, no te olvides de volver a hacerte la misma pregunta: ¿Por qué? ¿Por qué tengo que suicidarme? ¿Qué sentido tiene? ¡Y eso te salvará!

Si haces preguntas tontas, estarás destruyendo tu propia vida. Lo que estoy intentando decir es que es una estupidez preguntar por el sentido. ¡Disfruta, ama, canta, baila! Si no tiene sentido, ¿por qué no disfrutarlo? Si tuviera sentido, eso significaría que tendría algún tipo de vida mecánica. Las máquinas tienen sentido. El coche tiene sentido porque te transporta de un sitio a otro. La comida tiene sentido, la casa tiene sentido porque te protege del sol y de la lluvia, la ropa tiene sentido, pero la vida no tiene sentido.

Por eso la vida es libertad. El sentido se convierte en una atadura, en un encierro. Solo las máquinas tienen sentido, una persona no puede tener sentido.

Pero la libertad..., cuando renuncies a esa idea absurda del sentido, tendrás una gran libertad. Y en esa libertad habrá pasión y entusiasmo.

Dices: «Me he sentido así a lo largo de toda mi vida». ¡Pues se acabó! Ya has hecho bastante, ahora prueba mi manera. Lo has intentado a tu manera, ahora prueba la mía. Olvídate del sentido y empieza a vivir sin sentido. Haz todo tipo de cosas sin sentido, a ver qué pasa. Te sentirás inmediatamente más vivo, tremendamente vivo, porque la vida no tiene sentido. En el momento que te olvidas del sentido, la mente desaparece y te posee la vida.

Dices: «¿Por qué debería hacer esto o aquello si, de cualquier forma, nada me llena?». No es que nada te llene, es tu «por qué» lo que crea el problema y se lo ha creado a millones de personas. De hecho, las religiones siempre han hecho la misma estupidez que estás haciendo tú: preguntar por qué.

Hay una bella historia de Turguénev…

En un pueblo había un pobre hombre al que todos consideraban idiota. Todo el mundo se reía de él. Aunque dijera algo muy serio, todos se reían porque creían que era una idiotez. Se habían convencido de que era idiota y de que no podía decir nada que tuviera sentido. Pero el idiota se estaba empezando a hartar de esta situación.

Un día pasó un místico por el pueblo. El idiota fue a verlo y se postró a sus pies, diciendo:

—¡Sálvame! ¡Todo el pueblo se cree que soy idiota! ¿Qué puedo hacer para quitarme ese estigma? Todo el mundo me tortura con lo mismo.

—Es muy fácil —respondió el místico—. Solo tienes que hacer una cosa: no digas nada durante siete días para que no puedan replicarte que es una idiotez. Y, al contrario, cuando ellos digan algo, pregúntales: «¿Por qué?». Si alguien dice: «Mira qué rosa tan bonita». Tú pregúntale: «¿Por qué? ¡Demuéstramelo! ¿Puedes demostrar que esa rosa es bonita? ¿En qué te basas?». Y así le harás sentir como un tonto porque nadie puede demostrarlo. Si alguien dice: «Qué noche más hermosa, con esa luna llena…». No pierdas la oportunidad y pregúntale inmediatamente: «¿Por qué? ¿En qué te basas?». No digas nada durante siete días para que nadie te pueda preguntar por qué. Simplemente espera a que los demás digan algo, y entonces pregúntales. Si alguien dice: «Shakespeare era un gran poeta». Pregúntale: «¿Por qué? ¿En qué te basas? Todo lo que ha escrito es una tontería, no tiene sentido, es un galimatías. No veo la belleza ni la poesía por ninguna parte».

El idiota lo hizo durante siete días. Todo el mundo estaba muy extrañado. Estaba consiguiendo que se sintieran idiotas. Naturalmente, empezaron a pensar que se había curado. Al cabo de siete días fue a ver al místico lleno de felicidad.

—Me has enseñado un truco fabuloso —afirmó—. Nunca pensé que fuera a dar tan buen resultado, pero ahora todo el pueblo me alaba.

—Sigue haciéndolo —dijo el místico—. Te van a alabar porque hay cosas que…, de hecho, todo lo que es verdaderamente relevante no tiene sentido.

Las palabras «relevancia» y «sentido» son sinónimos en el diccionario, aunque en la vida no son sinónimos, sino antónimos. El sentido pertenece a la mente, la relevancia es un fenómeno natural. No se puede demostrar, únicamente se puede sentir, pertenece al corazón. Cuando sientes que una rosa es bella, no es algo mental, por eso no puedes demostrarlo. Cuando dices: «Es una mujer muy bella», no puedes demostrarlo. Cuando dices: «Es un hombre muy bello», no puedes demostrarlo. No puedes demostrarlo porque no pertenece a la mente, es un sentimiento y tu corazón empieza a latir más fuerte.

Cuando tu corazón está emocionado, vives en una dimensión absolutamente distinta: es la dimensión de la relevancia.

Si puedes dejar de buscarle el sentido a las cosas, te lloverán miles de experiencias relevantes. Pero si buscas un sentido, te perderás todo lo relevante y nunca encontrarás el sentido.

La mente es muy estéril. Es capaz de construir máquinas, de crear tecnología y de hacer mucho trabajo científico, pero no sabe hacer poesía, no sabe generar amor, no puede darte cosas relevantes. La relevancia no pertenece a la esfera de la mente. Para eso tienes otro centro completamente distinto: el corazón y la apertura de corazón. Cuando se abre el corazón toda la vida adquiere relevancia, pero no digo que tenga sentido. Ten en cuenta la diferencia. Yo no te enseño el sentido, sino la relevancia.

Y dices: «Siempre intento estar alegre...». ¡Esa es la mejor manera de matar la alegría para siempre! ¿Intentar estar alegre? «Finjo que siento», dices. Eso es un veneno para matar el sentimiento. Dices: «Procuro estar emocionado, interesado y vivo». Si tienes que hacer un esfuerzo ya estás admitiendo que estás muerto, que no estás interesado, que no estás emocionado, que no sientes y que solo estás fingiendo.

Si intentas estar alegre es porque sabes perfectamente que estás triste. Aunque logres engañar a los demás, ¿podrás engañarte a ti mismo? ¡Estás intentando estar alegre! Sabes perfectamente que estás triste. Y cada vez que lo intentas, aumenta tu tristeza. Cada vez que intentas sentir, te alejas más del sentimiento. Cada vez que intentas estar emocionado, es una falsedad. Pero te hipnotizas repitiendo que estás interesado y vivo.

El camino que has elegido es un camino suicida. Si estás triste, estate triste. No ocurre nada por estar triste. Estate realmente triste, ¡disfruta de ello! La tristeza tiene su propia belleza, la tristeza tiene su propio silencio, la tristeza tiene su propia profundidad. Si puedes estar realmente triste, tarde o temprano tendrás que salir de ahí. Y entonces no será algo forzado, simplemente habrás salido de ahí.

Cuando yo era pequeño me encantaba nadar. En la época de lluvias, el río que pasa por mi pueblo se vuelve muy peligroso porque se desborda. Es un río de montaña y recoge tanta agua que parece un océano. Hay algunos lugares peligrosos donde se ha ahogado mucha gente. En esos lugares hay remolinos, y cuando te atrapa un remolino, te absorbe. Te absorbe cada vez más y te lleva hasta el fondo. Por supuesto, intentas salir pero el remolino tiene mucha fuerza. Intentas luchar pero no tienes fuerza suficiente. Y a medida que luchas te vas agotando, hasta que el remolino acaba por ahogarte.

Yo descubrí un pequeño truco —todo el mundo se quedó sorprendido— que consistía en saltar al remolino y volver a salir sin tener que hacer ningún esfuerzo. Mi método consistía en no luchar contra el remolino, sino en dejarme llevar. En realidad, tienes que ser más rápido que el remolino y de esa forma no te cansas cuando te arrastra, solo tienes que bucear en su interior. Vas tan rápido que no luchas con el remolino. El remolino es más grande en la superficie, pero luego se va achicando. Es muy difícil salirse antes de que se haga muy pequeño, pero cuando llega al final, al fondo, es tan pequeño que sales solo. No tienes que hacer ningún esfuerzo para salirte, estás fuera sin darte cuenta. Aprendí el arte de dejarme llevar gracias a esos remolinos. Estoy en deuda con mi río.

Y luego intenté dejarme llevar en cualquier situación de mi vida. Cuando sentía tristeza, simplemente me sumergía en ella, y me sorprendí cuando me di cuenta de que funcionaba. Si te sumerges profundamente en la tristeza, enseguida estás fuera, y sales fresco y renovado porque no has tenido que luchar contra ella. Como no estás fingiendo estar contento, no tienes que luchar. Aceptas tu tristeza plenamente, de todo corazón. Y cuando aceptas algo plenamente, al hacerlo estás transformando su cualidad.

Nadie acepta la tristeza, por eso la tristeza sigue siendo tristeza. Acéptala y verás. Cuando la aceptas, transformas su cualidad. Le aportas algo nuevo que es la aceptación, y eso es extraordinario. Cuando la aceptas empiezas a reconocer su belleza. Tiene algunos aspectos bonitos. La risa no es tan profunda como la tristeza. La risa nunca puede ser tan silenciosa como la tristeza.

¿Por qué no disfrutar de esos aspectos que te ofrece la tristeza en lugar de pelearte con ella o pretender lo contrario? Recuerda que hay una ley fundamental: *Aes dhammo sanantano*, como dice Buda. Es la ley de la vida por la que nada permanece igual durante mucho tiempo. Disfruta de la tristeza mientras esté, porque nada permanece igual durante mucho tiempo. Heráclito dijo: «No puedes pisar dos veces el mismo río porque el río cambia muy rápido». La vida se mueve como un río. ¿Por qué preocuparse? Si hay tristeza, disfruta de ella mientras esté. Pronto se irá. Si la disfrutas al máximo, te dejará nuevo, rejuvenecido, y sentirás alegría. Será una alegría natural y espontánea.

«Estoy cansado…», dices. Es normal que te canses porque estás luchando. Relájate, déjate llevar y el cansancio desaparecerá.

Estás usando un lenguaje equivocado. Estás luchando con la existencia en lugar de formar parte de ella, de agradecerle sus regalos, sean cuales sean. A veces es la tristeza, a veces es la alegría, a veces es la oscuridad, a veces es la luz, a veces es el invierno y a veces es el verano. Disfruta de todas las estaciones. Todas las estaciones son necesarias. El sol es necesario, la lluvia es necesaria, el viento es necesario, la oscuridad es necesaria, la luz es necesaria. En realidad, todo lo que existe en la vida está justificado. Úsalo y no te cansarás, estarás lleno a rebosar de energía. Sentirás que la energía baila en tu interior.

Pero tienes que cambiar tu enfoque vital.

«¿Podrías hablar del camino del corazón y de cómo mantener el equilibrio? Porque cuando estoy en el corazón a veces estoy feliz, pero otras veces estoy triste. De modo que ahora mismo no sé muy bien cómo seguir el camino del corazón y estar centrado al mismo tiempo».

No hay nada de malo en ello. Deberías permitirlo. Las dos cosas son buenas, de manera que no tienes que escoger.

Escoger es algo mental. El corazón no escoge. A veces está contento y a veces está triste. Son los dos estados naturales y ambos forman parte de un ritmo, como el día y la noche, o el verano y el invierno. El corazón va cambiando de ritmo. La parte triste es la parte de la relajación, como la noche o la oscuridad. La parte alegre está animada, como el día. Tiene que haber dos partes y las dos vienen del corazón.

Pero la pregunta que haces viene de la cabeza..., estás buscando un equilibrio. La cuestión de querer ser feliz las veinticuatro horas del día proviene de la cabeza. El corazón no escoge, no tiene preferencias. Siempre acepta lo que ocurra. Es una aceptación profunda. La cabeza nunca acepta. Tiene sus propias ideas de cómo deberían ser las cosas, de cómo debería ser la vida. Tiene ideales, utopías, esperanzas. Olvídate de la pregunta y sigue al corazón.

Cuando estés triste, ponte realmente muy triste…, húndete en la tristeza. ¿Qué más puedes hacer? La tristeza es necesaria. Es muy relajante…, estás rodeado por una noche oscura. Duérmete en ella. Acéptala, y te darás cuenta de que la tristeza se vuelve hermosa cuando la aceptas. Lo que la vuelve fea es el rechazo, porque en sí misma no es fea. Cuando la aceptas te das cuenta de lo bella, relajante, tranquila y serena que es, de lo silenciosa que es. Te ofrece algo que la felicidad no te puede dar.

La tristeza te da profundidad.

La felicidad te da altura.

La tristeza te da raíces.

La felicidad te da ramas.

La felicidad es como un árbol que mira al cielo, y la tristeza es como las raíces que descienden al útero de la tierra. Pero las dos son necesarias, y cuanto más alto sea el árbol, más profundas tendrán que ser al mismo tiempo sus raíces. Cuanto más grande sea el árbol, más grandes serán las raíces. Un árbol alto tendrá unas raíces igualmente largas dentro de la tierra. Eso es lo que le permite estar en equilibrio.

Tú no puedes crear un equilibrio. Un equilibrio creado por ti no sirve para nada. No te vale. Es forzado. El equilibrio llega espontáneamente, ya está ahí. En realidad, cuando estás contento te emocionas tanto que te cansas. ¿Te has dado cuenta? Entonces, el corazón se mueve inmediatamente en la dirección contraria para darte un descanso. Tú lo sientes como si fuera tristeza. Te da un descanso porque estás demasiado excitado. Es medicinal, es terapéutico. Es exactamente lo mismo que trabajar mucho durante el día y dormir profundamente por la noche.

Por la mañana vuelves a estar recargado. Después de estar triste volverás a estar recargado y podrás volver a excitarte.

Después de la felicidad siempre hay un periodo de tristeza, y después de la tristeza vuelve a haber felicidad. De hecho, la tristeza no tiene nada de triste. La palabra en sí tiene una connotación errónea que proviene de la mente. De modo que cuando estés triste, estate triste sin más. No busques un antagonismo diciendo: «Me gustaría estar contento». ¿Quién eres tú para decir que te gusta o no? Si hay tristeza, es un hecho. Hay que aceptarlo y estar triste, absolutamente triste.

Sea lo que sea, no te inventes una fantasía, permanece con lo que hay. No trates de hacer nada, simplemente sé, y el equilibrio surgirá solo. No hace falta que hagas nada. Si haces algo, lo alteras.

Muy bien. Es una pregunta muy significativa, pero recuerda que viene de la cabeza, así que no te preocupes por la cabeza. Proponte vivir en el corazón durante un mes, e intenta permanecer en el corazón de todas las formas posibles. Si a veces te da alguna noche oscura, disfrútalo. Las noches oscuras tienen estrellas muy bonitas. No te fijes solo en la oscuridad, busca las estrellas.

«Los últimos diez días he sido más feliz que nunca. Me siento muy bien simplemente siendo lo que soy y aceptándome. A veces, esta maravillosa sensación se ve perturbada por dos pensamientos. El primero es: ¿seguirá siendo así? ¿Podré conservar esta sensación en el futuro? Y el segundo es: ¿por qué he tardado tanto tiempo y he tenido que ser tan viejo para llegar a

este punto? No puedo olvidarme de todos esos años que no he vivido en absoluto y me sigue dando lástima. Por favor, explícame cómo me puedo librar de todo lo que me impide ser feliz».

Esto me lo ha preguntado un hombre que ha llegado hace seis meses y era una de las personas más infelices que he conocido jamás. ¡Ha sido un milagro! Ha cambiado por completo. Ahora puedo decir lo contrario: es una de las personas más felices que hay por aquí.

Evidentemente, estas dos preguntas surgen porque ahora se tiene que ir, tiene que volver a casa. Y surge el miedo: ¿será capaz de conservar la felicidad que ha encontrado? Esto está en el futuro. Y la segunda pregunta: siente lástima por todos esos años que ha vivido realmente sin vivir, porque los ha perdido, pudiendo haber estado tan feliz como ahora. Eso está en el pasado. Estos son precisamente los dos peligros que debemos evitar. Siempre que eres inmensamente feliz, la mente intenta tenderte una trampa.

Y la mente tiene dos métodos: o bien está en el pasado, o bien está en el futuro. Te dice inmediatamente: «Fíjate qué feliz podrías haber sido toda tu vida». Ahora la mente te está intentando distraer, así que contéstale: «¿Qué me importan esos veinte, treinta o cincuenta años? ¡Ya han pasado! Me da lo mismo haberlos vivido con alegría o no, porque ya han pasado y ahora no me importa». Cuando te despiertas por la mañana ¿cambia mucho que hayas tenido un sueño bonito o una pesadilla? ¿Cuál es la diferencia? Cuando te despiertas por la mañana, sabes que han sido sueños. La noche se ha acabado y ya no estás dormido.

Cuando la mente dice: «Fíjate qué feliz podrías haber todo ese tiempo», está creando un deseo absurdo porque no puedes dar marcha atrás. No puedes cambiar el pasado, el pasado se ha ido para siempre, es irreversible. Piénsalo un poco, ¿de qué te sirve ahora haber sido feliz esos cincuenta años? Hayas sido feliz o no, ahora mismo eso solo es un recuerdo. De hecho, ¿ahora qué importa si ha existido ese pasado o no?

Bertrand Russell escribió en algún sitio que a veces se planteaba si realmente había existido el pasado o si se imaginaba que había existido. ¿Realmente has sido un niño o has soñado que eras un niño? ¿Cómo puedes saberlo ahora? Ambas cosas están en la memoria, tanto si lo has soñado como si lo has vivido realmente, ahora forman parte de la memoria y es imposible saberlo. El pasado está en la memoria, ya sea real o irreal. Los psicólogos dicen que cuando la gente se pone a hablar de su pasado, es mejor no creer lo que dicen, porque en su pasado se funden la imaginación y los sueños, y se entremezclan con la realidad. Su pasado no es objetivo y ahora no tenemos forma de saberlo porque todo se almacena en la memoria. Tanto si lo has vivido realmente como si lo has soñado, las dos cosas se entremezclan y se funden.

El pasado solo es un recuerdo. La mente puede interferir de muchas maneras y lo que hace creando tanto escándalo es impedirte disfrutar de la felicidad en ese preciso momento. Dile a la mente: «No tengo nada que ver con el pasado ni me interesa saber si he sido feliz o no. Ya se ha ido para siempre. El único momento que existe es ahora».

Si no caes en esta trampa, la mente te tenderá otra trampa. Te dirá: «De acuerdo, el pasado ya no existe, pero el futuro, ¿qué pasa con el futuro? Por lo menos puedes intervenir en el futuro, todavía no ha ocurrido y puedes hacer planes. ¿No te gustaría que este espacio tan maravilloso que tienes ahora durase eternamente?». Y así es como volverá a surgir el deseo. No le digas que sí, porque entonces te volverá a sacar del presente. Y la felicidad siempre es aquí y ahora.

La felicidad es algo que pertenece al presente. Ahora dile a la mente: «No me preocupa en absoluto el futuro, si puedo ser feliz ahora, en este momento, podré ser feliz para siempre, porque el futuro nunca llega como futuro, siempre llega como presente. Y ahora conozco el secreto de cómo ser feliz en el presente, entonces ¿por qué voy a preocuparme del futuro? Mañana no llegará como mañana, sino como hoy. Y tengo la llave que abre esa puerta. En este momento, al menos, soy feliz, y sé cómo ser feliz en este momento. Todos los momentos que lleguen, cuando lleguen, serán este momento». ¿Te has dado cuenta de esto? No hay ninguna diferencia entre un momento y otro momento. El tiempo está por encima absolutamente de toda discriminación. Siempre es ahora, y nada más.

De modo que ten cuidado. Estas son las dos trampas que te tiende la mente. La mente no puede vivir sin sufrir, por eso intenta interrumpir tu paz creando sufrimiento. Y de esa manera la mente se siente muy feliz. Cuando empiezas a lamentarte de tu pasado —no importa de qué te estés lamentando—, te pones triste, te deprimes. Y cuando te preocupas demasiado por el futuro, te empiezas a llenar de deseos, estás tenso y te preocupas pensando si podrás llevarlos a cabo o no, si serás capaz de hacerlo o no. El frágil momento del presente queda aplastado entre estas dos rocas.

Por eso debes estar muy atento. Cuando eres infeliz puedes dejar de estar atento porque no tienes nada que perder, pero cuando eres feliz tienes que ser muy cauto y cuidadoso porque ahora podrías perder un tesoro. Si das el paso equivocado, lo podrías perder en un segundo, en una fracción de segundo. Y estas son las dos direcciones en las que puedes perder tu tesoro.

Una persona pobre, un mendigo, no tiene que preocuparse de que le roben, pero una persona que posee tesoros deberá ser muy cuidadosa. Cuando Buda caminaba tan cautelosamente, ¿por qué lo hacía? Porque tenía algo inmensamente delicado que podía perder en cualquier momento de inconsciencia.

Hay una historia zen de un rey de Japón que todas las noches salía a dar una vuelta por su capital y se fijó en que siempre veía a un mendigo sentado debajo de un árbol, pero nunca estaba dormido, se pasaba toda la noche despierto, muy atento, inmóvil y con los ojos abiertos.

Una noche le preguntó al mendigo por curiosidad:

—¿Por qué estás tan atento? ¿Qué estás vigilando? No veo nada que te puedan robar ni a nadie que te quiera engañar. ¿Por qué siempre estás sentado así, tan vigilante?

El mendigo se rio.

—Señor, en lo que a mí respecta, me gustaría hacerte la misma pregunta —dijo—. ¿Por qué tienes tantos guardias? ¿Por qué tienes un ejército desplegado alrededor del palacio? No veo que tengas nada que haya que vigilar. Nunca he visto mayor mendigo que tú. Estás completamente vacío, puedo verte como si fueras transparente. No veo ningún tesoro escondido en tu interior, entonces ¿a qué se debe tanta preocupación? En lo que a mí respecta, tengo un tesoro y por eso tengo que estar alerta. Un solo momento de inconsciencia y lo perderé —afirmó—. Mírame a los ojos porque el tesoro está escondido en mi interior.

Y dicen que el rey le miró a los ojos, se metió en sus ojos y se perdió. Era un espacio tremendamente luminoso.

Se convirtió en discípulo de ese mendigo. El mendigo era un maestro zen y el rey había sido un buscador durante muchos años, había estado con muchos maestros pero nunca había sentido la vibración de lo desconocido. Con este mendigo prácticamente se cristalizó delante de sus ojos, podía tocarlo. A este hombre le había ocurrido algo divino.

De modo que si tienes un pequeño tesoro que vigilar, vigílalo. Estos son los dos ladrones: el pasado y el futuro. No tienes que hacer nada más, solo tienes que estar alerta. Tienes que sacudirte el sueño. Siempre que empieces a caer en la trampa, desperézate y recuerda.

Me gustaría contarte una de las parábolas más bonitas que se hayan escrito desde hace muchos siglos. Las parábolas han desaparecido prácticamente de la Tierra, porque esas maravillosas personas que crearon muchas de ellas —Jesús, Buda—, ya no están. Una parábola no es una historia corriente, sino un recurso, un recurso para contar algo que normalmente no se puede contar, un recurso para sugerir algo que solo se puede sugerir indirectamente.

Esta parábola se escribió en nuestra época y su autor fue Franz Kafka, un hombre muy poco común. Verdaderamente era un hombre poco común. No quería escribir porque decía que lo que él quería escribir no se podía escribir. Intentó evitarlo a toda costa, pero no pudo evitar la tentación de escribir, así que escribió. En uno de sus diarios se lee: «Escribo porque es difícil no escribir, aunque sé perfectamente que es difícil escribir. Y como no veo ninguna salida, escribo». Al morir, en su testamento dejó dicho a uno de sus amigos: «Por favor, quema todo lo que he escrito: mis diarios, mis historias, mis parábolas, mis apuntes y mis notas. Quémalo todo sin leerlo, porque es la única forma de librarme de esta preocupación constante por intentar decir algo que no se puede decir. No he podido evitarlo, por eso he tenido que escribir. Solo por eso. He tenido que escribir porque no podía controlarme. He tenido que escribir sabiendo perfectamente que no se podía escribir, de modo que ahora, destrúyelo todo sin leerlo, quémalo. Que no quede nada». Pero su amigo no fue capaz de hacerlo, y menos mal que no lo hizo.

Esta es una de las parábolas de Kafka. Escúchala y medita sobre ella.

Ordené que sacaran mi caballo del establo y que me lo trajeran. El criado no me entendió, así que yo mismo fui al establo, ensillé al caballo y me monté. A lo lejos oí el sonido de una corneta y le pregunté a mi criado a qué se debía, pero él no sabía nada ni había oído nada.

Al llegar a la verja, me detuvo y me preguntó:

—¿Adónde vas, amo?

—No lo sé —le dije—, solo sé que lejos de aquí. Lejos de aquí, siempre lejos de aquí. Solo así podré llegar a mi destino.

—Entonces ¿sabes cuál es tu destino?

—Sí —le contesté—. ¿No te lo he dicho? Lejos de aquí, ese es mi destino.

—Pero no llevas provisiones —repuso.

—No las necesito —dije—. Es un viaje tan largo que, si no encuentro nada en el camino, moriré de hambre. Las provisiones no me van a salvar porque el viaje es demasiado largo. No puedo llevar provisiones suficientes para todo el camino. Las provisiones no me van a salvar, porque, por fortuna, es un viaje realmente largo.

Esta es la parábola: el destino está lejos de aquí. Así funciona todo el mundo: todo el mundo está lejos de aquí, lejos de ahora. Y no sabes adónde vas, lo único seguro es que te vas lejos de aquí, lejos de ahora.

Esta parábola dice que el viaje es larguísimo. Es realmente interminable porque nunca llegarás lejos de aquí. ¿Cómo vas a llegar «lejos de aquí»? Llegues donde llegues, siempre estarás aquí. Sin embargo, siempre estás intentando alejarte de aquí. Es imposible llegar a ese destino. Si el destino está lejos de aquí, entonces no hay forma de alcanzarlo. Y todos estamos escapando de aquí.

Vigila. No permitas que esta parábola se convierta en tu vida. Normalmente, esto es lo que hace todo el mundo sin darse cuenta. Tienes que empezar a ir hacia el aquí, empezar a ir hacia el ahora, y sentirás tanta felicidad que te desbordará. Pero no vas a disfrutar solo tú de ella, sino que te va a desbordar y se va a convertir en tu estado. Será como una nube a tu alrededor, y todo el que se acerque a ti se llenará. Incluso los demás podrán beneficiarse y a participar de ello.

Cuanta más felicidad tengas, más inmerso estarás en el aquí y ahora. Habrá un momento en el que no quedará espacio para ti, solo habrá felicidad y tú desaparecerás.

Pero debes tener mucho cuidado con dos cosas: el pasado y el futuro. Ahora tienes algo que perder, tienes mucha suerte porque tienes algo que perder. Y tienes la enorme responsabilidad de no perderlo. La mente seguirá intentando despistarte durante un tiempo. Cuando estés tan alerta que la mente no pueda penetrarte ni molestarte o distraerte, poco a poco, la mente empezará a desaparecer. Un día se dará cuenta de que no puede contigo y te abandonará. Entonces dejará de rondarte. Ese día también llegará. Si antes no creías que existiera esa felicidad, es posible que no seas capaz de creer lo que te estoy diciendo ahora. Pero también llegará un día en el que no haya distracciones.

Y ese día tendrás que estar todavía más alerta porque empezarás a decir: «¿Cómo es posible que haya perdido tantos años distrayéndome?». Y empezarás a preocuparte por el futuro. El pasado y el futuro volverán a aparecer de muchas maneras. Es como una persona que está subiendo a la cima de un monte. Va dando vueltas al monte, el camino va dando vueltas y más vueltas, y siempre vuelve a ver el mismo panorama, a estar en el mismo punto. Está un poco más alto pero es el mismo sitio, con los mismos árboles y el mismo cielo. Esto le ocurrirá muchísimas veces antes de llegar a la cima. Llegará al mismo punto, aunque evidentemente estará un poco más alto, pero siempre será el mismo punto, una y otra vez. Volverá a encontrarse con la distracción del pasado y del futuro muchas veces. Esto solo es el principio.

Un día llegarás a la cima, y cuando llegues tendrás todo al mismo tiempo: el valle, el cielo, las nubes, la altura, la profundidad. Todo estará a tu alcance. Esto es la iluminación.

Acerca del autor

Osho desafía las clasificaciones. Sus miles de charlas lo cubren todo, desde la búsqueda individual del significado hasta los problemas sociales y políticos más urgentes a los que se enfrenta la sociedad en la actualidad. Los libros de Osho no han sido escritos, sino transcritos de las grabaciones de audio y vídeo de sus charlas extemporáneas ante audiencias internacionales. Tal como él lo expone: «Recordad: lo que os digo no solo es para vosotros..., estoy hablando también para las futuras generaciones». Osho ha sido descrito por el *Sunday Times* de Londres como uno de los «mil creadores del siglo XX» y por el autor estadounidense Tom Robbins como «el hombre más peligroso desde Jesucristo». El *Sunday Mid-Day* (India) ha destacado a Osho como una de las diez personas —junto con Gandhi, Nehru y Buda— que han cambiado el destino de la India. Con respecto a su propia obra, Osho declaró que está ayudando a crear las condiciones necesarias para el nacimiento de una nueva clase de seres humanos. Con frecuencia caracteriza a este nuevo ser humano como «Zorba el Buda», capaz tanto de disfrutar de los placeres terrenales de un Zorba el Griego, como de la serenidad silenciosa de un Gautama el Buda. Un tema principal en las charlas y meditaciones de Osho es una visión que abarca tanto la sabiduría eterna de todas las eras pasadas como el potencial más alto de la ciencia y la tecnología de hoy en día (y del mañana). Osho es conocido por su contribución revolucionaria a la ciencia de la transformación interna, con un enfoque en la meditación que reconoce el paso acelerado de la vida contemporánea. Sus Meditaciones Activas Osho están diseñadas para liberar primero las tensiones acumuladas del cuerpo y la mente, de tal manera que después sea más fácil emprender una experiencia de quietud y relajación libre de pensamientos en la vida diaria.

Una de sus obras autobiográficas disponible:

Autobiografía de un místico espiritualmente incorrecto, Barcelona, Kairós, 2001.

Osho International Meditation Resort

Ubicación: Situado a unos 160 kilómetros al sudeste de Bombay, en la moderna y floreciente ciudad de Pune (India), el Osho International Meditation Resort es un destino vacacional que marca la diferencia: el Resort de Meditación se extiende sobre unas 16 hectáreas de jardines espectaculares en una magnífica área residencial bordeada de árboles.

Originalidad: Cada año, el Resort de Meditación da la bienvenida a miles de personas provenientes de más de cien países. Este campus único ofrece la oportunidad de vivir una experiencia personal directa de una nueva forma de vida: con mayor sensibilización, relajación, celebración y creatividad. Existen gran variedad de programas durante todo el día y durante todo el año. ¡No hacer nada y simplemente relajarse es una de ellas!

Todos los programas se basan en la visión de Osho de «Zorba el Buda», una clase de ser humano cualitativamente diferente, capaz tanto de participar de manera creativa en la vida diaria como de relajarse en el silencio y la meditación.

Meditaciones: El programa diario completo de meditaciones para cada tipo de persona incluye métodos activos y pasivos, tradicionales y revolucionarios, y en particular las Meditaciones Activas OSHO®. Las meditaciones se llevan a cabo en lo que debe de ser la sala de meditación más grande del mundo: el Auditorio Osho.

Multiversidad: Las sesiones individuales, cursos y talleres lo cubren todo, desde las artes creativas hasta la salud holística, la transformación personal, las relaciones y la transición de la vida, el trabajo como meditación, las ciencias esotéricas, y el enfoque zen ante los deportes y la recreación. El secreto del éxito de la Multiversidad reside en el hecho de que todos sus programas se combinan con la meditación, la confirmación de que como seres humanos somos mucho más que la suma de nuestras partes.

Cocina: Diferentes áreas gastronómicas sirven deliciosa comida vegetariana occidental, asiática e hindú, en su mayoría preparada con ingredientes cultivados de forma orgánica especialmente para el Resort de Meditación. Los panes y pasteles se hornean en la panadería propia del centro.

Vida nocturna: Durante la noche tienen lugar diversos eventos, entre los cuales ¡bailar es el número uno de la lista! Otras actividades incluyen meditaciones con luna llena bajo las estrellas, espectáculos de variedades, interpretaciones musicales y meditaciones para la vida diaria. O simplemente puede disfrutar conociendo gente en el Café Plaza o caminar bajo la serenidad de la noche por los jardines de este escenario de cuento de hadas.

Instalaciones: En la Galería puede adquirir artículos de tocador y todo lo que precise para sus necesidades básicas. La Galería Multimedia vende una amplia gama de productos multimedia Osho. También dispone de un banco, una agencia de viajes y un Cibercafé en el campus. Para aquellos que disfrutan con las compras, Pune ofrece todas las opciones, desde los productos hindúes étnicos y tradicionales hasta todas las tiendas de marca mundiales.

Alojamiento: Puede elegir alojarse en las elegantes habitaciones de la Casa de Huéspedes de Osho o, para permanencias más largas, optar por uno de los paquetes del programa Living-in. Además, existe una abundante variedad de hoteles y apartamentos con servicios incluidos en los alrededores.

www.osho.com/meditationresort
www.osho.com/guesthouse
www.osho.com/livingin

Para más información

www.**OSHO**.com

Esta página web en varios idiomas incluye una revista, los libros de Osho, las charlas de Osho en formatos de audio y vídeo, el archivo de textos de la Biblioteca Osho en inglés e hindi, y una amplia información sobre las Meditaciones Osho. También encontrará el plan del programa de Multiversidad Osho e información sobre el Osho International Meditation Resort.

Páginas web:

www.OSHO.com/AllAboutOSHO
www.OSHOtimes.com
www.Facebook.com/OSHO.international
www.YouTube.com/OSHOinternational
www.Twitter.com/OSHO
www.Instagram.com/OSHOinternational

Para contactar con Osho International Fundation:

www.osho.com/oshointernational
oshointernational@oshointernational.com